Inteligencia Financiera Volumen 1

Libro De Texto Definitivo

Dan Kost

Inteligencia Sobre El Dinero (Vol. 1)

Publicado por Teltrans Credit.

ISBN Libro electrónico: 978-0-916539-01-6

ISBN Libro de papel: 978-0-916539-02-3

ISBN Tapa dura: 978-0-916539-03-0

Impreso en los Estados Unidos De América

Descargo de responsabilidad:

La información contenida en Consejos Financieros (Vol. 1 y Vol. 2) tiene fines exclusivamente educativos. Ni el autor ni la editorial ofrecen asesoramiento legal, financiero ni profesional, ni garantizan la exactitud, integridad o idoneidad del contenido. Si bien se ha hecho todo lo posible por proporcionar información precisa y actualizada, se recomienda a los lectores consultar con un profesional colegiado para obtener asesoramiento adaptado a sus necesidades.

El autor y la editorial no se responsabilizan de ningún error u omisión en el contenido, ni de ningún daño derivado del uso de este libro. Toda la información se proporciona "tal cual", y cualquier confianza depositada en ella es bajo el propio riesgo del lector.

Tabla de Contenidos

Capítulo 1: Bancaria

Parte 1: Fundamentos de Bancaria

Bancaria se refiere a la industria, el sistema y el proceso de gestión del dinero y las transacciones financieras.

1. Depósitos: Los bancos aceptan depósitos de los clientes, que pueden incluir cuentas de ahorro, cuentas corrientes y certificados de depósito (CD).
2. Préstamos: Los bancos otorgan préstamos a los clientes, incluyendo préstamos personales, hipotecas y préstamos comerciales.
3. Inversiones: Los bancos ofrecen servicios de inversión como la compraventa de valores, la gestión de carteras y la asesoría financiera.
4. Transacciones: Los bancos facilitan las transacciones financieras entre los clientes y otras instituciones o personas, como transferencias bancarias y pagos electrónicos.
5. Crédito: Los bancos evalúan la solvencia de los clientes y otorgan crédito mediante tarjetas y líneas de crédito.
6. Gestión de riesgos: Los bancos gestionan los riesgos asociados con los préstamos, las inversiones y otras actividades financieras, incluyendo el riesgo crediticio, el riesgo de mercado y el riesgo operacional.
7. Regulación: Los bancos están sujetos a la regulación de las agencias gubernamentales para garantizar su seguridad y solidez, y proteger a los consumidores.

En general, el banco desempeña un papel crucial en la economía al proporcionar servicios financieros que permiten a las personas y a las empresas ahorrar, invertir y acceder al crédito.

Bancaria es un sistema financiero que implica la creación de dinero mediante la emisión de préstamos y la gestión de transacciones financieras. Los bancos actúan como intermediarios entre los clientes y los mercados financieros, ofreciendo diversos servicios como cuentas de depósito, préstamos, procesamiento de pagos y gestión de inversiones.

La función principal de un banco es aceptar depósitos de sus clientes y utilizar esos fondos para otorgar préstamos a otros clientes. Cuando un cliente solicita un préstamo, paga intereses al banco, lo que le permite obtener ganancias. Los bancos también generan ingresos mediante comisiones por servicios como la protección contra sobregiros y el mantenimiento de cuentas.

Para garantizar la estabilidad del sistema financiero y proteger los depósitos de los clientes, los bancos están regulados por organismos gubernamentales y están obligados a mantener un cierto nivel de reservas y a cumplir estrictos estándares de préstamo. Además, las cuentas de depósito en los bancos suelen estar aseguradas por programas de seguro de depósitos respaldados por el gobierno.

En resumen, bancaria es una parte crucial de la economía moderna, proporcionando servicios esenciales y estabilidad a las personas, las empresas y el sistema financiero en su conjunto.

Bancaria individual se refiere a los servicios financieros que los bancos ofrecen a particulares o familias. Estos servicios pueden incluir:

1. Cuentas corrientes y de ahorro: estas cuentas permiten a las personas depositar y retirar dinero, pagar facturas y ganar intereses sobre los ahorros.

2. Préstamos: Los bancos ofrecen varios tipos de préstamos a personas, incluidos préstamos personales, préstamos para automóviles e hipotecas.

3. Tarjetas de crédito: Las tarjetas de crédito permiten a las personas realizar compras a crédito y pagar el saldo con intereses.

4. Servicios de inversión: Los bancos ofrecen servicios de inversión como compra y venta de valores, gestión de carteras y asesoramiento financiero.

5. Planificación de la jubilación: Los bancos pueden ayudar a las personas a planificar su jubilación ofreciendo cuentas de jubilación como IRA y 401(k).

6. Seguros: Algunos bancos ofrecen productos de seguros como seguros de vida, seguros de salud y seguros de automóvil.

Los servicios bancarios individuales pueden variar según el banco y las necesidades específicas de cada persona. Es importante comparar diferentes opciones bancarias y elegir los servicios que mejor se adapten a sus objetivos y necesidades financieras.

Abrir una cuenta bancaria:
Para abrir una cuenta bancaria, normalmente necesitará proporcionar lo siguiente:

1. Una identificación emitida por el gobierno, como una licencia de conducir o un pasaporte
2. Comprobante de domicilio, como una factura de servicios públicos o un contrato de arrendamiento.
3. Depósito inicial, que puede variar según el banco y el tipo de cuenta.
4. Información personal, como su nombre, dirección y número de seguro social.
5. Algunos bancos también pueden solicitarle información sobre su empleador y ocupación.

Es posible que también deba completar una solicitud y proporcionar documentación adicional, según el banco y el tipo de cuenta que habrá. Algunos bancos también pueden realizar una verificación de crédito.

Para abrir una cuenta bancaria, normalmente se requieren los siguientes documentos:

1. Documentos de identificación: Generalmente se requiere un documento de identidad emitido por el gobierno, como una licencia de conducir, un pasaporte o un documento de identidad nacional, para comprobar su identidad.
2. Comprobante de domicilio: Para verificar su domicilio, el banco puede solicitar una factura reciente de servicios públicos, un contrato de alquiler o un extracto bancario con su nombre y dirección.
3. Número de Seguro Social (SSN): Si usted es ciudadano o

residente de los Estados Unidos, deberá proporcionar su SSN al banco.

4. Número de identificación fiscal (TIN): si usted es una empresa o un trabajador autónomo, es posible que deba proporcionar un TIN o un EIN (número de identificación del empleador).
5. Documentos comerciales: si está abriendo una cuenta para su negocio, deberá proporcionar documentos legales como una licencia comercial, artículos de constitución o acuerdo de sociedad.
6. Depósito inicial: El banco puede requerir un depósito inicial para abrir la cuenta, por lo que debes estar preparado para proporcionar fondos para hacerlo.

Es importante tener en cuenta que los documentos específicos requeridos pueden variar según el banco y el país donde se abra la cuenta. Siempre es recomendable consultar con el banco con antelación para confirmar sus requisitos.

Abrir una cuenta bancaria es un proceso sencillo que normalmente implica los siguientes pasos:

1. Elija un banco: investigue diferentes bancos y compare los tipos de cuentas que ofrecen, tasas de interés, tarifas y otros servicios.
2. Reúna los documentos necesarios: La mayoría de los bancos le pedirán un comprobante de identidad, como una identificación oficial, y un comprobante de domicilio, como una factura de servicios públicos. También podría necesitar proporcionar su número de Seguro Social.
3. Completar una solicitud: Complete la solicitud de cuenta bancaria en línea, por teléfono o en persona.
4. Financiar la cuenta: para abrir una cuenta, generalmente necesitarás hacer un depósito inicial, que puede hacerse en efectivo, cheque o transferencia electrónica.
5. Espere la aprobación de su cuenta: El banco revisará su solicitud y podría realizar una verificación de crédito para verificar su identidad y evaluar posibles riesgos. Este proceso puede tardar varios días.
6. Regístrese en la banca en línea: una vez que su cuenta esté aprobada, registre en el banco en línea para acceder a la información de su cuenta, realizar transacciones y administrar sus

finanzas desde cualquier lugar con conexión a Internet.

7. Reciba su tarjeta de débito: Muchos bancos emitirán una tarjeta de débito vinculada a su cuenta, que podrá utilizar para retirar efectivo, realizar compras y pagar facturas.

En resumen, abrir una cuenta bancaria es un proceso sencillo que requiere elegir un banco, reunir la documentación necesaria, completar una solicitud, depositar fondos en la cuenta y esperar la aprobación. Con una cuenta bancaria, puede administrar sus finanzas, realizar transacciones y acceder a su dinero de forma fácil y segura.

Hay varias razones por las que se le puede negar una cuenta bancaria. Algunas razones comunes incluyen:

1. Identificación insuficiente: El banco puede requerir documentación adicional o no aceptar la forma de identificación proporcionada.
2. Historial crediticio cuestionable: los bancos pueden realizar una verificación de crédito antes de abrir una cuenta y, si la persona tiene un historial crediticio deficiente, es posible que se la nieguen.
3. Problemas bancarios pasados: si una persona tiene antecedentes de deudas impagas, cheques sin fondos u otros problemas bancarios, se le puede negar una cuenta nueva.
4. Actividades ilegales: Los bancos deben cumplir con las leyes y regulaciones, por lo que si una persona está involucrada en actividades ilegales como el lavado de dinero, se le puede negar una cuenta.
5. Lista OFAC: Si el nombre de una persona figura en la lista de Nacionales Especialmente Designados (SDN) de la Oficina de Control de Activos Extranjeros (OFAC) u otras listas.Restringidas, se le negará una cuenta.
6. Incumplimiento de AML/KYC: Los bancos también tienen que cumplir con las regulaciones contra el lavado de dinero (AML) y Conozca a su cliente (KYC), si el individuo no puede proporcionar la información requerida o si la información proporcionada es sospechosa, el banco puede rechazar la cuenta.

Parte 2: Aspectos de las cuentas bancarias

Cuentas Bancarias

Una cuenta bancaria es una cuenta financiera que un banco u otra institución financiera ofrece a sus clientes. Permite al titular depositar, retirar y administrar su dinero de forma segura. Existen varios tipos de cuentas bancarias, como cuentas corrientes, cuentas de ahorro, cuentas del mercado monetario y certificados de depósito (CDs).

Las cuentas corrientes están diseñadas para transacciones cotidianas, como pagar facturas, realizar compras y retirar efectivo de cajeros automáticos. Suelen incluir una tarjeta de débito para compras y retiros de efectivo.

Las cuentas de ahorro, por otro lado, están diseñadas para el ahorro a largo plazo. Generalmente ofrecen una tasa de interés más alta que las cuentas corrientes, pero pueden tener restricciones sobre la frecuencia de retiro de fondos.

Las cuentas del mercado monetario son similares a las cuentas de ahorro, pero suelen ofrecer tasas de interés más altas y mayor flexibilidad para realizar retiros. Suelen requerir un saldo mínimo más alto que las cuentas de ahorro.

Los certificados de depósito (CD) son un tipo de cuenta de ahorros que requiere el depósito de una cantidad fija de dinero durante un plazo determinado. Los CD suelen ofrecer tasas de interés más altas que las cuentas de ahorro, pero suelen tener penalizaciones por retiro anticipado.

En general, las cuentas bancarias ofrecen una forma segura y cómoda de administrar el dinero, generar intereses y acceder a fondos cuando los necesite. Sin embargo, es importante considerar cuidadosamente los términos y las comisiones de los diferentes tipos de cuentas para encontrar la que mejor se adapte a sus necesidades financieras.

Estos son los pasos generales a seguir para obtener una cuenta bancaria:

1. Determine el tipo de cuenta que necesita: Antes de abrir una cuenta bancaria, es importante considerar sus necesidades financieras y elegir el tipo que mejor se adapte a ellas. Como se

mencionó anteriormente, existen varios tipos de cuentas bancarias, como cuentas corrientes, cuentas de ahorro, cuentas del mercado monetario y certificados de depósito. Cada tipo de cuenta tiene diferentes características, comisiones y requisitos de saldo mínimo.

2. Elija un banco o institución financiera: Una vez que haya determinado el tipo de cuenta, puede investigar en línea, pedir recomendaciones a amigos y familiares o visitar diferentes bancos en persona para conocer sus ofertas.
3. Reúna los documentos necesarios: Para abrir una cuenta bancaria, normalmente necesitará proporcionar identificación personal y otros documentos. Estos pueden incluir su número de Seguro Social, licencia de conducir o pasaporte, comprobante de domicilio (como una factura de servicios públicos o un contrato de arrendamiento) y comprobante de ingresos (como recibos de sueldo o declaraciones de impuestos).
4. Completar la aplicación: Una vez que haya elegido un banco y reunido los documentos necesarios, deberá completar una solicitud para abrir una cuenta. Esta solicitud generalmente le pedirá información personal como su nombre, dirección, fecha de nacimiento y situación laboral.
5. Haga un depósito inicial: Muchos bancos requieren un depósito inicial para abrir una cuenta nueva. El monto del depósito varía según el tipo de cuenta y las políticas del banco. Algunos bancos permiten depositar fondos en la cuenta con un cheque personal o una transferencia desde otra cuenta, mientras que otros requieren efectivo o un cheque certificado.
6. Revise y firme el acuerdo de la cuenta: Antes de abrir la cuenta, recibirá un acuerdo que describe los términos y condiciones, incluyendo las comisiones y cargos. Revíselo detenidamente y haga preguntas si tiene alguna duda. Una vez que esté satisfecho, firme el acuerdo para abrir la cuenta.
7. Active su cuenta: Una vez abierta, normalmente recibirá una tarjeta de débito o cheques por correo en unos días hábiles. Siga las instrucciones para activar su cuenta y empezar a usarla para sus necesidades financieras.

En general, las cuentas bancarias ofrecen una forma segura y cómoda de administrar el dinero, generar intereses y acceder a fondos cuando los necesite. Sin embargo, es importante considerar cuidadosamente los términos y las comisiones de los diferentes tipos de cuentas para encontrar la que mejor se adapte a sus necesidades financieras.

Aunque las cuentas bancarias ofrecen muchos beneficios, también existen algunos posibles inconvenientes que los consumidores deben tener en cuenta:

1. Comisiones: Muchos bancos cobran comisiones por diversos servicios de la cuenta, como el uso de cajeros automáticos, sobregiros y mantenimiento mensual. Estas comisiones pueden acumularse y reducir el saldo de su cuenta si no tiene cuidado. Es importante leer atentamente los términos y condiciones de su cuenta para comprender las comisiones que pueden aplicarse y cómo evitarlas.
2. Fraude: Las cuentas bancarias pueden ser vulnerables a fraudes, como robo de identidad, estafas de phishing y otros tipos de ciberdelitos. Es importante supervisar su cuenta periódicamente para detectar transacciones no autorizadas y tomar medidas para proteger su información personal y el acceso a la cuenta.
3. Acceso limitado a fondos: Algunos tipos de cuentas bancarias, como los certificados de depósito y las cuentas del mercado monetario, pueden tener restricciones sobre cuándo y cómo acceder a sus fondos. Es importante comprender los términos de su cuenta y planificar adecuadamente para evitar quedarse sin acceso a su dinero cuando lo necesite.
4. Inflación: Si bien las cuentas bancarias ofrecen una forma de ahorrar dinero con bajo riesgo, podrían no ofrecer la misma rentabilidad que otras inversiones. Con el tiempo, la inflación puede erosionar el valor de sus ahorros y dificultar el logro de sus objetivos financieros.
5. Cierre de cuentas: Los bancos pueden cerrar su cuenta por diversos motivos, como inactividad, sobregiros o actividad sospechosa. Si su cuenta se cierra, es posible que no pueda acceder a sus fondos o que se le apliquen cargos adicionales.

Para evitar estos inconvenientes, es importante elegir un banco o institución financiera de buena reputación, leer atentamente los términos y condiciones de su cuenta, supervisará periódicamente y tomar medidas para proteger su información personal y el acceso a ella. Además, puede ser útil revisar periódicamente sus objetivos y necesidades financieras para asegurarse de que sus opciones de cuenta se ajusten a su plan financiero general.

Cómo crear una cuenta bancaria

Aumentar tu patrimonio implica ahorrar dinero con el tiempo y tomar decisiones financieras inteligentes para aumentar tu patrimonio. Aquí tienes algunas estrategias que pueden ayudarte a aumentar tu patrimonio:

1. Presupuesto: Crear un presupuesto puede ayudarte a controlar tus gastos e identificar áreas donde puedes recortar gastos. Al reducir gastos innecesarios, puedes disponer de más dinero para ahorrar o invertir.
2. Ahorro: Apartar una parte de tus ingresos cada mes puede ayudarte a acumular ahorros con el tiempo. Puedes automatizar tus ahorros configurando transferencias automáticas de tu cuenta corriente a una cuenta de ahorros.
3. Invertir: Invertir su dinero en acciones, bonos, bienes raíces u otros activos puede ayudarle a aumentar su patrimonio con el tiempo. Sin embargo, es importante comprender los riesgos e investigar antes de invertir.
4. Ganar más: Aumentar tus ingresos con un trabajo extra o emprender un negocio puede ayudarte a generar ingresos más rápido. También puedes negociar un salario más alto o buscar oportunidades laborales con mejor sueldo y beneficios.
5. Pagar deudas: pagar deudas con intereses altos, como los saldos de tarjetas de crédito, puede ayudarle a ahorrar dinero en intereses y liberar más dinero para ahorrar e invertir.
6. Ser disciplinado: Generar riqueza requiere tiempo y disciplina. Es importante ceñirse a un presupuesto, evitar gastos innecesarios y concentrarse en sus objetivos financieros a largo plazo.

En general, acumular dinero requiere una combinación de decisiones financieras inteligentes, disciplina y paciencia. Siguiendo estas estrategias, puede aumentar su patrimonio y alcanzar sus metas financieras con el tiempo.

Cargos por sobregiro

Los cargos por sobregiro son cargos que cobran los bancos e instituciones financieras cuando realiza una transacción que excede el saldo disponible en su cuenta. Por ejemplo, si tiene $100 en su cuenta corriente y realiza una compra de $150, podría cobrarle un cargo por sobregiro.

Las comisiones por sobregiro pueden variar según el banco y el tipo de cuenta. Algunos bancos pueden cobrar una comisión fija por cada sobregiro, mientras que otros pueden cobrar un porcentaje del importe sobregirado. Además, algunos bancos pueden tener límites diarios en la cantidad de comisiones por sobregiro que aplican.

Las comisiones por sobregiro pueden ser costosas y acumularse rápidamente si sobregirar tu cuenta con frecuencia. Además de la comisión por sobregiro, también podrían cobrarte comisiones o intereses adicionales si no logras que tu cuenta tenga un saldo positivo dentro de un plazo determinado.

Para evitar cargos por sobregiro, es importante monitorear el saldo de su cuenta regularmente y llevar un registro de sus transacciones. También puede contratar un programa de protección contra sobregiros, que puede ayudarle a prevenirlos vinculando su cuenta corriente a otra cuenta, como una cuenta de ahorros o una línea de crédito.

Si incurre en cargos por sobregiro, es importante tomar medidas para evitar cargos futuros. Esto puede incluir configurar alertas de cuenta, establecer un presupuesto o hablar con su banco para explorar otras opciones para administrar sus finanzas.

Cómo afecta la inflación a una cuenta bancaria

La inflación es la tasa de aumento del nivel general de precios de los bienes y servicios en una economía. Cuando se produce inflación, el poder adquisitivo del dinero disminuye con el tiempo, lo que significa que la misma cantidad de dinero puede comprar menos bienes y servicios que antes. Esto puede tener varios efectos en una cuenta bancaria:

1. Tasas de interés: La inflación puede generar tasas de interés más altas, lo cual puede ser beneficioso para las cuentas de ahorro y otras cuentas que generan intereses. Cuando la inflación es alta, los bancos pueden subir sus tasas de interés para incentivar el ahorro y la reducción del gasto. Esto puede ayudar a los titulares de cuentas a generar más intereses sobre sus ahorros y, potencialmente, a mantenerse al día con la inflación.
2. Poder adquisitivo: La inflación puede reducir el poder adquisitivo del dinero depositado en una cuenta bancaria. Si la tasa de

inflación es superior a la tasa de interés de la cuenta, el dinero del titular puede perder valor con el tiempo. Por ejemplo, si la inflación es del 2% y la tasa de interés de una cuenta de ahorros es del 1%, el dinero del titular pierde valor a una tasa del 1% anual.

3. Pagos de préstamos: La inflación también puede afectar los pagos de préstamos. Si la inflación es alta, el valor del dinero utilizado para pagar un préstamo puede ser menor que el valor del dinero prestado. Esto puede ser beneficioso para los prestatarios, ya que podrían pagar sus préstamos con dinero de menor valor. Sin embargo, puede ser perjudicial para los prestamistas, ya que podrían no poder seguir el ritmo de la inflación y perder dinero con el préstamo.

En general, la inflación puede tener efectos tanto positivos como negativos en una cuenta bancaria. Si bien las tasas de interés más altas pueden ser beneficiosas para las cuentas de ahorro, la inflación también puede reducir el poder adquisitivo del dinero depositado. Además, la inflación puede afectar el pago de préstamos y potencialmente perjudicar a los prestamistas.

Servicios de Alerta y Finanzas

Los servicios de alerta son un tipo de sistema de notificación que proporciona a los usuarios actualizaciones o alertas sobre eventos, condiciones o información específicos. Estos servicios están diseñados para mantener a los usuarios informados en tiempo real, a menudo a través de diversos canales como correo electrónico, SMS, notificaciones push o redes sociales.

Los servicios de alerta se pueden utilizar para una amplia gama de propósitos, incluidos:

1. Alertas de seguridad: estas alertas informan a los usuarios sobre posibles amenazas de seguridad, como acceso no autorizado a sus cuentas o actividad sospechosa en sus dispositivos o redes.

2. Alertas meteorológicas: estas alertas informan a los usuarios sobre condiciones climáticas severas, como huracanes, tornados u otros desastres naturales.

3. Alertas financieras: Estas alertas informan a los usuarios sobre cambios en los mercados financieros, fluctuaciones en los precios de las acciones o cambios en los saldos de sus cuentas.
4. Alertas de salud: estas alertas informan a los usuarios sobre cambios en su estado de salud, recordatorios de medicación o próximas citas.

5. Alertas de noticias: estas alertas informan a los usuarios sobre noticias de último momento o actualizaciones sobre temas específicos de interés.

6. Alertas de redes sociales: estas alertas informan a los usuarios sobre la actividad en sus cuentas de redes sociales, como nuevos seguidores, me gusta o comentarios.

Los servicios de alerta se pueden personalizar para adaptarse a las necesidades específicas del usuario, permitiéndole elegir el tipo de alertas que recibe, su frecuencia y los canales a través de los cuales se envían. Este nivel de personalización ayuda a garantizar que los usuarios solo reciban información relevante y no se vean inundados de alertas irrelevantes que pueden distraerlos.

Sí, los servicios de alertas pueden ser especialmente útiles para supervisar y gestionar las finanzas. Existen varios tipos de alertas financieras que se pueden configurar para mantener a los usuarios informados sobre su estado financiero y sus transacciones.

1. Alertas de saldo de cuenta: Estas alertas se pueden configurar para notificar a los usuarios cuando el saldo de su cuenta cae por debajo de un límite determinado o alcanza un nivel específico. Esto puede ayudar a los usuarios a evitar cargos por sobregiro o prevenir transacciones fraudulentas.

2. Alertas de transacciones: Estas alertas se pueden configurar para notificar a los usuarios cuando se realizan transacciones en su cuenta, como compras, retiros o depósitos. Esto ayuda a los usuarios a monitorear sus gastos y detectar rápidamente cualquier transacción no autorizada.

3. Alertas de pago de facturas: Estas alertas se pueden configurar para notificar a los usuarios sobre el vencimiento de facturas o el pago realizado. Esto ayuda a los usuarios a evitar cargos por mora y a garantizar el pago puntual de sus facturas.
4. Alertas de puntaje crediticio: Estas alertas se pueden configurar para notificar a los usuarios sobre cambios en su puntaje crediticio o informe crediticio. Esto ayuda a los usuarios a monitorear su solvencia y detectar cualquier error o actividad fraudulenta.

Al usar los servicios de alerta financiera, los usuarios pueden controlar sus finanzas y tomar decisiones informadas sobre su dinero. Estos servicios brindan tranquilidad, ayudan a los usuarios a evitar cargos innecesarios y a prevenir actividades fraudulentas.

Parte 3: Tipos de Cuentas

Cuentas del Mercado Monetario

Una cuenta del mercado monetario es un tipo de cuenta de depósito ofrecida por bancos y otras instituciones financieras que suele pagar una tasa de interés más alta que una cuenta de ahorros tradicional. Es similar a una cuenta de ahorros, pero con algunas diferencias clave.

En primer lugar, las cuentas del mercado monetario suelen requerir un saldo mínimo más alto que las cuentas de ahorro. Este requisito puede variar desde unos pocos cientos hasta varios miles de dólares. A cambio de mantener un saldo más alto, los titulares de las cuentas suelen recibir una tasa de interés más alta.

En segundo lugar, las cuentas del mercado monetario suelen limitar el número de transacciones mensuales. Esto busca incentivar a los titulares a usar la cuenta para ahorrar en lugar de para gastos diarios. Las transacciones pueden incluir cheques, compras con tarjeta de débito y transferencias electrónicas.

Las cuentas del mercado monetario son una buena opción para quienes desean obtener una tasa de interés más alta sobre sus ahorros y, al mismo tiempo, tener un acceso relativamente fácil a sus fondos. Generalmente se consideran una inversión de bajo riesgo, ya que están aseguradas por la FDIC hasta el máximo permitido por ley.

Sin embargo, es importante tener en cuenta que las cuentas del mercado monetario pueden tener comisiones más altas o requerir un saldo mínimo más alto que otros tipos de cuentas de depósito. Además, la tasa de interés de una cuenta del mercado monetario puede fluctuar según las condiciones del mercado, por lo que es importante analizar detenidamente las condiciones de la cuenta e investigar antes de abrirla.

En general, las cuentas del mercado monetario pueden ser una buena opción para aquellos que desean obtener una tasa de interés más alta en sus ahorros y al mismo tiempo tener acceso relativamente fácil a sus fondos.

Certificados de depósito

Los certificados de depósito (CD) son un tipo de cuenta de depósito que ofrecen los bancos y otras instituciones financieras y que ofrece una tasa de interés fija durante un período determinado. Suelen utilizarse como un instrumento de inversión de bajo riesgo para quienes desean ahorrar dinero para un fin específico, como el enganche de una casa o la matrícula universitaria de sus hijos.

Al abrir un CD, usted acepta depositar una cantidad fija de dinero durante un plazo específico, que puede variar desde unos meses hasta varios años. El tipo de interés del CD suele ser más alto que el de una cuenta de ahorros, pero es fijo durante todo el plazo del CD.

Una ventaja de los CD es que están asegurados por la FDIC hasta el máximo permitido por ley, lo que significa que el dinero que deposita en un CD está protegido contra quiebras bancarias. Otra ventaja es que los CD ofrecen un retorno de la inversión predecible, lo cual puede ser útil para quienes desean administrar sus finanzas.
Sin embargo, también existen algunas desventajas a considerar. Por ejemplo, si necesita retirar su dinero antes del vencimiento del CD, podría estar sujeto a penalizaciones o perder parte de los intereses generados. Además, si las tasas de interés suben durante el plazo del CD, no podrá aprovechar las tasas más altas hasta su vencimiento.

Al considerar un CD, es importante comparar precios para encontrar las mejores tasas de interés y plazos. Algunos bancos y cooperativas de crédito ofrecen tasas más altas a plazos más largos, mientras que otros pueden ofrecer promociones o tasas especiales para nuevos clientes. También es importante considerar sus objetivos y necesidades financieras para determinar si un CD es la inversión adecuada para usted.

Cuentas de ahorro

Una cuenta de ahorros es un tipo de cuenta de depósito ofrecida por bancos y otras instituciones financieras que permite a las personas ahorrar dinero y obtener intereses sobre sus depósitos. Las cuentas de ahorros se utilizan a menudo como una herramienta para reservar fondos para emergencias, gastos futuros o metas a largo plazo.

Una de las principales ventajas de una cuenta de ahorros es que es una inversión de bajo riesgo. Las cuentas de ahorros están aseguradas por la FDIC hasta el máximo permitido por ley, lo que significa que el dinero que deposita en una cuenta de ahorros está protegido contra la quiebra de un banco. Además, las cuentas de ahorros suelen ofrecer una tasa de interés moderada, lo que puede ayudar a que sus ahorros crezcan con el tiempo.

Otra ventaja de una cuenta de ahorros es que ofrece un acceso relativamente fácil a su dinero. Si bien las cuentas de ahorros pueden tener algunas limitaciones en la cantidad de transacciones que puede realizar cada mes, generalmente puede retirar su dinero sin penalizaciones ni restricciones.

Sin embargo, también existen algunas desventajas a considerar. Por ejemplo, las cuentas de ahorro suelen tener tasas de interés más bajas que otros tipos de instrumentos de inversión, como acciones o bonos. Además, la inflación puede erosionar el poder adquisitivo de tus ahorros con el tiempo, por lo que es importante considerar su impacto al establecer objetivos de ahorro.

Al elegir una cuenta de ahorros, es importante comparar precios para encontrar las mejores tasas de interés y condiciones. Algunos bancos y cooperativas de crédito ofrecen tasas más altas o promociones especiales para nuevos clientes. Además, es importante considerar sus objetivos y necesidades financieras para determinar si una cuenta de ahorros es la opción adecuada para usted.

Cuentas Corrientes

Una cuenta corriente es un tipo de cuenta de depósito ofrecida por bancos y otras instituciones financieras que permite a las personas depositar y retirar dinero según sea necesario para pagar facturas, realizar compras y administrar las finanzas diarias. Las cuentas corrientes suelen ofrecer diversas características y beneficios, como una tarjeta de débito, la posibilidad de emitir cheques y la banca en línea.

Una de las principales ventajas de una cuenta corriente es que ofrece fácil acceso a su dinero. Con una cuenta corriente, puede realizar transacciones y acceder a sus fondos de forma rápida y sencilla mediante una tarjeta de débito, banca en línea o banca móvil. Además, muchas cuentas corrientes ofrecen funciones como protección contra sobregiros, que puede ayudarle a evitar costosas comisiones y cargos si sobregira accidentalmente su cuenta.

Otra ventaja de una cuenta corriente es que le permite mantener su dinero seguro y protegido. Las cuentas corrientes están aseguradas por la FDIC hasta el máximo permitido por la ley, lo que significa que el dinero que deposita en una cuenta corriente está protegido contra quiebras bancarias. Además, muchos bancos e instituciones financieras ofrecen protección contra fraudes y otras medidas de seguridad para proteger su cuenta de accesos o transacciones no autorizadas.

Sin embargo, también existen posibles desventajas a considerar. Por ejemplo, algunas cuentas corrientes pueden tener comisiones o cargos asociados con ciertas transacciones o características de la cuenta. Además, algunos bancos e instituciones financieras pueden exigir un saldo mínimo o imponer otras restricciones en su cuenta.

Al elegir una cuenta corriente, es importante considerar sus objetivos y necesidades financieras, así como las comisiones, cargos y otras características de la cuenta. Comparar precios puede ayudarle a encontrar la cuenta que mejor se adapte a sus necesidades y le ayude a alcanzar sus objetivos financieros.

Diferencia entre una cooperativa de crédito y un banco

Las cooperativas de crédito y los bancos son instituciones financieras que ofrecen diversos servicios financieros, como cuentas corrientes y de ahorro, préstamos y tarjetas de crédito. Sin embargo, existen varias diferencias clave entre ambos:

1. Propiedad: Los bancos son instituciones con fines de lucro, propiedad de accionistas que esperan obtener un rendimiento de su inversión. Las cooperativas de crédito, por otro lado, son instituciones sin fines de lucro, propiedad de sus socios, quienes también son sus clientes. Esto significa que las cooperativas de crédito suelen ofrecer comisiones más bajas y mejores tasas de interés que los bancos, ya que no tienen que generar ganancias para los accionistas.

2. Membresía: Los bancos están abiertos a cualquier persona que cumpla con los requisitos de elegibilidad y pueda alcanzar el saldo mínimo de la cuenta. Sin embargo, las cooperativas de crédito tienen criterios de membresía que deben cumplirse, como trabajar para una empresa específica o pertenecer a una comunidad u organización específica.

3. Productos y servicios: Los bancos suelen ofrecer una amplia gama de productos y servicios financieros, como hipotecas, tarjetas de crédito y préstamos comerciales. Las cooperativas de crédito suelen tener una gama más reducida de productos y servicios, pero pueden ofrecer un servicio más personalizado y mejores tasas en ciertos productos, como préstamos para automóviles e hipotecas.

4. Comisiones y cargos: Los bancos pueden cobrar comisiones y tasas de interés más altas en préstamos y tarjetas de crédito que las cooperativas de crédito, ya que se centran en generar ganancias para los accionistas. Las cooperativas de crédito también pueden ofrecer exenciones de comisiones y otros incentivos a sus socios para fomentar la fidelidad y reducir costos.

5. Regulación: Los bancos están regulados por agencias federales y estatales, como la Reserva Federal y la FDIC, mientras que las cooperativas de crédito están reguladas por la Administración Nacional de Cooperativas de Crédito (NCUA). La NCUA es una agencia federal independiente que supervisa y asegura a las cooperativas de crédito, de forma similar a la FDIC para los bancos.

En general, la principal diferencia entre una cooperativa de crédito y un banco reside en su estructura de propiedad y su enfoque en las ganancias. Si bien ambos tipos de instituciones ofrecen servicios similares, las cooperativas de crédito pueden ofrecer un servicio más personalizado, comisiones más bajas y mejores tasas de interés para sus socios.

Parte 4: Monedas

La moneda se refiere a un sistema monetario vigente en un país o región. Es un medio de intercambio que facilita las transacciones de bienes y servicios, así como el pago de deudas e impuestos.

Los tipos de moneda más comunes son los billetes y las monedas, emitidos por el gobierno o el banco central de un país. Estas monedas físicas representan un valor determinado y pueden canjearse por bienes y servicios.

Además de la moneda física, también existe la moneda digital, que se almacena electrónicamente y se utiliza para transacciones en línea. Ejemplos de moneda digital incluyen criptomonedas como Bitcoin y Ethereum, que están descentralizadas y operan independientemente de los sistemas bancarios tradicionales.

El valor de una moneda se determina por diversos factores, como la oferta y la demanda, las políticas económicas, la inflación y el comercio internacional. Los tipos de cambio también desempeñan un papel crucial en la determinación del valor de una moneda en relación con otras, y pueden fluctuar en función de las condiciones del mercado y los indicadores económicos.

En general, la moneda es un componente vital de las economías modernas y desempeña un papel importante a la hora de facilitar el comercio tanto a nivel nacional como internacional.

Historia de la Moneda

El uso de la moneda se remonta a las civilizaciones antiguas, con evidencia de monedas y otros tipos de moneda que datan del año 600 a. C. Las primeras formas de moneda solían estar hechas de metales preciosos como el oro, la plata y el bronce, y se utilizaban para facilitar el comercio.

En la antigüedad, el valor de la moneda solía determinarse por el peso y la pureza del metal utilizado, y las monedas y lingotes se estampaban con imágenes e inscripciones para indicar su origen y valor. Con el tiempo, las distintas regiones desarrollaron sus propias monedas, y el comercio entre ellas se complicó, lo que condujo al desarrollo del intercambio internacional de divisas.

Durante la Edad Media, el papel moneda comenzó a surgir como forma de moneda en China y otras partes de Asia. Este papel moneda primitivo estaba respaldado por metales preciosos y se utilizaba para facilitar el comercio a larga distancia.

En los siglos XVII y XVIII, las potencias coloniales Europeas comenzaron a establecer redes comerciales globales, y monedas como el dólar español se generalizaron en el comercio internacional. Los primeros bancos centrales modernos también se establecieron durante esta época, ya que los gobiernos buscaban regular y controlar la oferta monetaria en sus respectivas economías..

En el siglo XX, el uso del papel moneda se generalizó y comenzaron a surgir nuevas tecnologías como la banca electrónica y las monedas digitales. Hoy en día, las principales monedas del mundo incluyen el dólar estadounidense, el euro, el yen Japonés y la libra esterlina, y los mercados de divisas desempeñan un papel crucial para facilitar el comercio global.

A lo largo de la historia, el uso de la moneda ha evolucionado para satisfacer las necesidades cambiantes de la sociedad y continuará haciéndolo a medida que surjan nuevas tecnologías y sistemas económicos.

Entonces, ¿qué es específicamente el dólar Estadounidense?

El dólar Estadounidense (USD) es la moneda oficial de Estados Unidos y sus territorios. También se utiliza ampliamente como moneda de reserva y medio de intercambio internacional en muchos países del mundo. El dólar se divide en 100 unidades más pequeñas llamadas centavos.

El valor del dólar se determina por la oferta y la demanda en el mercado cambiario. El dólar Estadounidense se considera una moneda de refugio, lo que significa que tiene una alta demanda en tiempos de incertidumbre económica, por lo que su valor tiende a aumentar.

El dólar Estadounidense es emitido y controlado por el Sistema de la Reserva Federal, también conocido como la "Fed". La Fed es el banco central de Estados Unidos y se encarga de dirigir la política monetaria, regular la oferta monetaria y supervisar a los bancos.

Desde el fin del patrón oro en 1971, el dólar Estadounidense ha sido una moneda puramente fiduciaria, lo que significa que no es convertible en oro ni en ningún otro activo físico. En cambio, su valor se determina por la oferta y la demanda en los mercados cambiarios, así como por las políticas del gobierno Estadounidense y la Reserva Federal.

En resumen, el dólar Estadounidense es una moneda crucial tanto a nivel nacional como mundial, y sirve como medio de intercambio y reserva de valor para individuos, empresas y gobiernos.

Tipos de moneda

La moneda se refiere al dinero físico, como monedas y billetes, emitido por un gobierno y utilizado como medio de intercambio de bienes y servicios.

Un cheque es una orden escrita dirigida a una institución financiera, generalmente un banco, para pagar una cantidad específica de dinero a una persona o entidad específica. El cheque se gira contra la cuenta del emisor y sirve como forma de pago.

Un giro postal es un certificado o recibo prepagado que sustituye al efectivo. Se utiliza a menudo para transacciones en las que no se acepta efectivo ni cheques personales. Los giros postales suelen ser vendidos por instituciones financieras, oficinas de correos y otros negocios, y se utilizan a menudo para el pago de alquileres, facturas y otros tipos de pagos que requieren una forma de pago segura y confiable.

Tanto los cheques como los giros postales sirven como forma de pago, pero los giros postales se consideran más seguros, ya que están prepagados y son menos susceptibles a usos fraudulentos. En cambio, los cheques pueden falsificarse o alterarse, lo que los convierte en una forma de pago menos segura.

Moneda

Las monedas son piezas metálicas pequeñas, planas y generalmente redondas que se utilizan como medio de pago. Se han utilizado como medio de intercambio durante miles de años y siguen utilizándose en muchos países del mundo.

Las monedas suelen ser emitidas por los gobiernos y tienen un valor nominal específico impreso o estampado. El valor de una moneda lo determina el gobierno que la emite y suele basarse en el peso y la composición del metal utilizado en su fabricación.

Las monedas se suelen usar para pequeñas transacciones, como comprar comida o bebidas en una máquina expendedora, pagar el transporte público o hacer compras pequeñas en una tienda. En algunos países, también se utilizan como moneda de colección, y las monedas raras o únicas son muy codiciadas por los coleccionistas.

Las monedas vienen en varias denominaciones, según el país y el sistema monetario vigente. Por ejemplo, en Estados Unidos, se emiten monedas de 1 centavo, 5 centavos, 10 centavos, 25 centavos, 50 centavos y 1 dólar. En otros países, como el Reino Unido, se emiten monedas de 1 penique, 2 peniques, 5 peniques, 10 peniques, 20 peniques, 50 peniques y 1 libra. En general, las monedas siguen siendo una forma importante de moneda en todo el mundo y proporcionan un medio de intercambio conveniente y duradero para pequeñas transacciones.

Plata en lingotes

El término lingote se refiere a un tipo de metal precioso, como el oro, la plata, el platino o el paladio, que se funde en barras o monedas con un peso y una pureza estandarizados. Estos metales suelen considerarse valiosos y se utilizan a menudo como reserva de riqueza o como inversión.

Los lingotes se pueden adquirir en diversas formas, como barras, monedas y monedas redondas. El peso y la pureza de los lingotes se expresan generalmente en onzas troy o gramos, y su peso suele variar entre 1 gramo y varios cientos de onzas.

Uno de los principales usos del lingote es como cobertura contra la inflación y la incertidumbre económica. Dado que el valor de los metales preciosos generalmente se considera estable o incluso creciente con el tiempo, los inversores suelen recurrir al lingote como una forma de proteger su patrimonio en épocas de volatilidad económica o inflación.

Además de su uso como inversión, el oro en lingotes también tiene aplicaciones industriales, especialmente en las industrias electrónica, médica y automotriz. Por ejemplo, el oro se utiliza en la producción de chips de computadora y otros componentes electrónicos, mientras que el platino se utiliza en convertidores catalíticos de automóviles.

Los lingotes de oro suelen comprarse y venderse a través de distribuidores o corredores especializados en el comercio de metales preciosos. Su precio puede fluctuar en función de diversos factores, como la oferta y la demanda, las condiciones económicas y los acontecimientos geopolíticos.

En general, los lingotes sirven como un activo tangible que puede comprarse y venderse por su valor intrínseco, lo que los convierte en una opción popular tanto para inversores como para coleccionistas.

Moneda fiduciaria

Una moneda fiduciaria es un tipo de moneda emitida por un gobierno y no está respaldada por una materia prima física como el oro o la plata. Su valor se basa en la confianza que la gente tiene en el gobierno emisor y en la propia moneda.

Las monedas fiduciarias suelen emitirse en papel o en formato digital y se aceptan como medio de intercambio de bienes y servicios. El valor de una moneda fiduciaria se determina por la oferta y la demanda, y puede verse influenciado por diversos factores, como los tipos de interés, las condiciones económicas y las políticas gubernamentales.

Una de las características clave de las monedas fiduciarias es que no son canjeables por una cantidad fija de un producto físico. Esto permite a los gobiernos emitir más moneda según sea necesario, lo que puede ayudar a estimular la actividad económica, pero también puede generar inflación si se introduce demasiada moneda en circulación.

En resumen, las monedas fiduciarias son un tipo de moneda que no está respaldada por un producto físico y se basa en la confianza en el gobierno emisor y en la moneda misma.

Cheques

Un cheque es un documento escrito que instruye a un banco o institución financiera a pagar una cantidad específica de dinero a la persona u organización indicada en el cheque. Los cheques son una forma de pago común para diversas transacciones, como el pago de facturas, la compra de bienes y servicios y la transferencia de dinero entre cuentas.

Para emitir un cheque, la persona u organización que realiza el pago completa la información necesaria, incluyendo la fecha, el nombre de la persona u organización que recibe el pago (el beneficiario), la cantidad a pagar (en letras y números) y la firma del titular de la cuenta. El cheque también incluye el número de cuenta bancaria y el número de ruta asociado a la cuenta desde la que se realiza el pago.

Cuando el beneficiario recibe el cheque, puede depositarlo en su cuenta bancaria, y el dinero se transferirá desde la cuenta de la persona u organización que realiza el pago. Los cheques pueden tardar varios días en procesarse, durante los cuales el banco verificará que la cuenta tenga fondos suficientes para cubrir el pago.

Los cheques se han utilizado como forma de pago durante siglos y siguen siendo un método popular a pesar del auge de los métodos de pago electrónicos, como las tarjetas de crédito y los pagos en línea. Sin embargo, pueden ser vulnerables al fraude, y es importante tomar medidas para protegerse, como usar un depósito de cheques seguro, revisar regularmente los extractos bancarios y guardar los cheques y otros documentos financieros en un lugar seguro.

Un cheque es una orden escrita dirigida a una institución financiera, generalmente un banco, para pagar una cantidad específica de dinero a una persona o entidad específica. Estos son los pasos para emitir un cheque:

1. Fecha: Escriba la fecha actual en la línea superior derecha.
2. Beneficiario: Escriba el nombre de la persona o entidad a quien le está pagando en la línea "Pagar a la orden de linea."
3. Cantidad en números: Escriba la cantidad que está pagando en números en la línea de dólares.
4. Monto en palabras: Escriba el monto que está pagando en palabras en la línea debajo de "Pagar a la orden de."
5. Nota: Puede utilizar la línea de nota para una breve descripción del propósito del cheque, como "Alquiler" o "Servicios públicos."
6. Firma: Firme el cheque en la línea de la parte inferior derecha.

Giros postales

Un giro postal es un tipo de instrumento financiero que funciona como un cheque, pero se prepaga con una cantidad específica de dinero. Los giros postales se utilizan a menudo como una forma segura y cómoda de enviar y recibir pagos, especialmente para transacciones que requieren mayor seguridad o que implican el envío de dinero por correo.

Para comprar un giro postal, se paga el valor nominal del giro más una pequeña comisión al emisor, generalmente un banco, una oficina de correos u otra institución financiera. Posteriormente, se proporciona el nombre del destinatario, quien puede cobrar el giro o depositarlo en su cuenta bancaria.

A diferencia de los cheques, los giros postales son prepagados y no admiten sobregiros ni rebotes. Además, son menos susceptibles al fraude que los cheques, ya que requieren que el comprador pague en efectivo por adelantado, en lugar de depender de una cuenta bancaria que podría no tener fondos suficientes.

Los giros postales también son útiles para quienes no tienen cuenta bancaria, ya que ofrecen una forma segura y confiable de enviar y recibir dinero sin necesidad de una cuenta corriente u otra cuenta financiera. También se utilizan comúnmente para transacciones que requieren comprobante de pago, como depósitos de alquiler o pagos de bienes y servicios adquiridos en línea.

En general, los giros postales proporcionan una forma cómoda y segura de enviar y recibir dinero para personas que no tienen acceso a los servicios bancarios tradicionales o para transacciones que requieren más seguridad que la que puede proporcionar un cheque personal.

Moneda Falsificada

La moneda falsa se refiere al dinero falso o de imitación que se produce con la intención de engañar a otros y hacerlo pasar por moneda auténtica. La moneda falsa puede presentarse en forma de billetes, monedas o moneda digital, y generalmente se crea con materiales y equipos similares a los utilizados para producir moneda auténtica.

La producción y distribución de moneda falsa es ilegal en la mayoría de los países, y quienes sean descubiertos falsificando moneda pueden enfrentarse a severas sanciones legales. La moneda falsa puede utilizarse para comprar bienes y servicios, pagar deudas e incluso financiar actividades ilegales como el blanqueo de capitales y el terrorismo.

Para prevenir la circulación de moneda falsa, los gobiernos y los bancos centrales adoptan diversos, como incorporar elementos de seguridad difíciles de reproducir en los billetes y monedas, utilizan medidas técnicas de impresión especializadas e implementan leyes y normativas antifalsificación. Además, las empresas y los particulares pueden tomar para protegerse de la moneda falsa familiarizándose con los elementos de seguridad de la moneda auténtica y utilizando dispositivos de detección de falsificaciones al manipular grandes cantidades de efectivo.

La moneda falsa puede representar una amenaza significativa para la estabilidad de la economía, ya que puede erosionar la confianza en el valor de la moneda y socavar la confianza en las instituciones financieras. Por lo tanto, es crucial que las personas, las empresas y los gobiernos se mantengan alerta ante la producción y distribución de moneda falsa.

La moneda falsa puede tener diversos efectos negativos en las personas, las empresas y la economía en general. Estos son algunos de los riesgos de la moneda falsa:

1. Pérdida de valor: La moneda falsa puede reducir el valor de la moneda legítima al inundar el mercado con billetes falsos. Cuando hay más moneda falsa en circulación, puede generar

inflación, lo que reduce el poder adquisitivo de consumidores y empresas.

2. Pérdidas financieras: Las personas y empresas que, sin saberlo, aceptan billetes falsos pueden sufrir pérdidas financieras si se descubre que son falsos. En algunos casos, las empresas podrían no recibir el reembolso por sus pérdidas si aceptaron el billete falso sin tomar las precauciones adecuadas.
3. Consecuencias legales: El uso o la distribución de moneda falsa es ilegal y puede acarrear graves consecuencias legales, como multas y penas de prisión. Las personas o empresas que utilicen moneda falsa también podrían sufrir daños a su reputación y la pérdida de oportunidades de negocio.
4. Daño a la economía: La falsificación de moneda puede perjudicar la economía al reducir la confianza de consumidores e inversores en el sistema financiero. Esto puede provocar una disminución del gasto y la inversión, lo que puede tener un impacto negativo en el crecimiento económico.
5. Aumento de los costos de seguridad: Para combatir el problema de la falsificación de moneda, las empresas y los gobiernos deben invertir más en medidas de seguridad, como tecnología de detección de falsificaciones y capacitación para sus empleados. Esto puede suponer un gasto considerable para las empresas, en particular para las pequeñas.

En general, la falsificación de moneda puede tener diversos efectos negativos en las personas, las empresas y la economía. Es importante que tanto las personas como las empresas estén alertas y tomen medidas para protegerse contra la falsificación de moneda, como utilizar tecnología de detección de falsificaciones y aprender a identificar billetes falsos.

Capítulo 2: Quiebra

La bancarrota es un proceso legal en el cual un individuo o una empresa no puede pagar sus deudas a medida que estas vencen. El propósito de la bancarrota es proporcionar un proceso justo y ordenado para la resolución de las deudas pendientes del deudor. Los tipos más comunes de bancarrota para individuos son el Capítulo 7 y el Capítulo 13. En el Capítulo 7, también conocido como bancarrota de "liquidación", los activos del deudor se venden y los ingresos se utilizan para pagar a los acreedores del deudor. En el Capítulo 13, también conocido como bancarrota de "reorganización", los activos del deudor no se venden, pero el deudor debe proponer un plan para pagar una parte de sus deudas durante un período de 3 a 5 años.

Las empresas pueden declararse en bancarrota bajo el Capítulo 7 o el Capítulo 11. El Capítulo 7 es similar al proceso para individuos, en el cual los activos de la empresa se venden y los ingresos se utilizan para pagar a los acreedores de la empresa. El Capítulo 11 es más complejo y está destinado a empresas que desean continuar operando mientras reorganizan sus deudas. La empresa presentará un plan de reorganización ante el tribunal, el cual debe ser aprobado por el tribunal y los acreedores de la empresa. Luego, la empresa operará bajo la supervisión del tribunal mientras paga sus deudas.

Declararse en bancarrota puede tener un impacto significativo en la calificación crediticia y el futuro financiero de un individuo o una empresa. Es una decisión seria y no debe tomarse a la ligera. Se recomienda que los individuos o empresas que deseen declararse en bancarrota consulten con un abogado especializado en la ley de bancarrota.

Hay varios tipos de bancarrota disponibles para individuos y empresas, cada uno con su propósito específico y requisitos de elegibilidad. Los tipos más comunes de bancarrota son:

- Capítulo 7 de bancarrota: También conocido como bancarrota de "liquidación", este tipo de bancarrota está disponible para individuos, parejas casadas y algunas empresas. El propósito del Capítulo 7 de bancarrota es cancelar o eliminar ciertos tipos de deudas no garantizadas, como deudas de tarjetas de crédito, facturas médicas y préstamos personales. En el Capítulo 7, los activos del deudor se venden y los ingresos se utilizan para pagar a los acreedores del deudor. Es importante tener en cuenta que ciertos tipos de deuda, como la mayoría de los impuestos, préstamos estudiantiles y multas, no son cancelables en una bancarrota del Capítulo 7.

- Capítulo 13 de bancarrota: También conocido como bancarrota de "reorganización", este tipo de bancarrota está disponible para individuos y parejas casadas que tienen ingresos regulares y una cantidad significativa de deuda. A diferencia del Capítulo 7, que liquida activos para pagar a los acreedores, el Capítulo 13 permite al deudor conservar sus activos y pagar sus deudas durante un período de 3 a 5 años mediante un plan de pagos.

- Capítulo 11 de bancarrota: Este tipo de bancarrota está disponible para empresas que desean continuar operando mientras reorganizan sus deudas. El propósito del Capítulo 11 de bancarrota es permitir que la empresa reestructure su deuda y operaciones para volver a ser financieramente viable. La empresa debe proponer un plan de reorganización al tribunal, el cual debe ser aprobado por el tribunal y los acreedores de la empresa.

- Capítulo 12 de bancarrota: Este tipo de bancarrota es similar al Capítulo 13, pero está diseñado específicamente para agricultores y pescadores familiares. Les permite pagar sus deudas durante un período de 3 a 5 años mediante un plan de pagos.

- Capítulo 9 de bancarrota: Este tipo de bancarrota está disponible para municipios, como ciudades, pueblos y condados, y les permite reorganizar su deuda.

Es importante tener en cuenta que cada tipo de bancarrota tiene sus propios requisitos específicos de elegibilidad, y que las leyes y regulaciones sobre bancarrota pueden variar de un estado a otro. Siempre es mejor consultar con un abogado especializado en bancarrota antes de declararse en bancarrota para obtener una comprensión clara de qué tipo de bancarrota es mejor para usted o su empresa y qué implica el proceso.

La bancarrota puede ser una herramienta poderosa para individuos y empresas que están lidiando con deudas, pero también es importante estar consciente de los posibles inconvenientes de la bancarrota. Algunos de los inconvenientes más comunes de la bancarrota incluyen:

1. Daño al puntaje de crédito: Declararse en bancarrota puede tener un impacto significativo en su puntaje de crédito, y puede permanecer en su informe crediticio hasta por 10 años. Esto puede dificultar la obtención de crédito, préstamos o hipotecas en el futuro.

2. Costo: Declararse en bancarrota puede ser costoso, ya que deberá pagar tarifas judiciales, honorarios de abogados y otros gastos asociados con el proceso.

3. Pérdida de activos: En una bancarrota del Capítulo 7, es posible que se le exige vender algunos de sus activos para pagar a sus acreedores. Esto puede incluir su casa, automóvil y otras posesiones valiosas.

4. Registro público: La bancarrota es un asunto de registro público, y la información está disponible para el público, incluidos futuros acreedores y empleadores.

5. Proceso prolongado: El proceso de bancarrota puede ser largo y complejo, y puede tardar desde varios meses hasta varios años en completarse, dependiendo del tipo de bancarrota que se declare y la complejidad de su caso.

6. Deuda posterior a la bancarrota: Aunque la bancarrota puede cancelar muchos tipos de deudas, es importante tener en cuenta que ciertos tipos de deuda, como la mayoría de los impuestos, préstamos estudiantiles y multas, no se pueden cancelar en una bancarrota.

7. Cancelación limitada: Aunque la bancarrota puede cancelar muchos tipos de deuda no garantizada, es importante saber que algunos tipos de deuda, como la pensión alimenticia, manutención infantil y ciertos tipos de sentencias, no se pueden cancelar en una bancarrota.

Es importante considerar estos posibles inconvenientes antes de declararse en bancarrota y entender que la bancarrota no es una solución milagrosa para los problemas financieros. Siempre es mejor consultar con un abogado de bancarrota para comprender los beneficios y desventajas de la bancarrota y determinar si es la mejor opción para usted o su empresa.

Parte 1: Bancarrota Individual

La bancarrota del Capítulo 7, también conocida como bancarrota de "liquidación", es un tipo de bancarrota disponible para individuos, parejas casadas y algunas empresas. El propósito del Capítulo 7 de bancarrota es cancelar, o eliminar, ciertos tipos de deuda no garantizada, como deuda de tarjetas de crédito, facturas médicas y préstamos personales.

Cuando una persona se declara en bancarrota del Capítulo 7, el tribunal nombrará a un síndico para supervisar el proceso. El papel del síndico es revisar los activos del deudor y determinar qué activos están exentos y cuáles no lo están. Los activos exentos suelen ser aquellos que son necesarios para los gastos básicos de vida del deudor, como la residencia principal, bienes personales y herramientas de trabajo. Los activos no exentos, como una segunda casa, propiedad vacacional o artículos de lujo, pueden ser vendidos por el síndico para pagar a los acreedores del deudor.

El deudor también debe presentar una lista de todos sus acreedores y la cantidad de dinero que debe a cada uno, así como un cronograma de sus ingresos y gastos. El deudor también debe asistir a una reunión de acreedores, también conocida como "reunión 341", donde el síndico y los acreedores pueden hacerle preguntas sobre su situación financiera.

Una vez que el síndico ha revisado los activos del deudor y determinado cuáles no están exentos, venderá los activos no exentos y usará las ganancias para pagar a los acreedores del deudor. Cualquier deuda restante que no sea cancelable deberá ser pagada por el deudor.
Es importante tener en cuenta que ciertos tipos de deuda, como la mayoría de los impuestos, préstamos estudiantiles y multas, no se pueden cancelar en una bancarrota del Capítulo 7.

Generalmente toma entre 3 y 6 meses completar el proceso del Capítulo

7, y una vez completado, el deudor recibirá una liberación, lo que lo libera de la responsabilidad personal de la mayoría de sus deudas cancelables. Sin embargo, es importante tener en cuenta que presentar una bancarrota puede tener un impacto significativo en la calificación crediticia de una persona, y permanecerá en su informe de crédito por hasta 10 años.

Bajo el Capítulo 7 de bancarrota, ciertos tipos de deuda pueden cancelarse, lo que significa que el deudor ya no es legalmente responsable de pagarlos. Estos tipos de deuda incluyen:

- Deuda de tarjetas de crédito
- Facturas médicas
- Préstamos personales
- Ciertos tipos de sentencias
- Algunos tipos de deuda comercial

Por otro lado, ciertos tipos de deuda no se pueden cancelar bajo el Capítulo 7 de bancarrota. Estos incluyen:

- La mayoría de los impuestos (con algunas excepciones)
- Préstamos estudiantiles (a menos que el deudor pueda demostrar dificultad excesiva)
- Pagos de manutención infantil y pensión alimenticia
- Multas y sanciones impuestas por agencias gubernamentales
- Ciertos tipos de deudas incurridas mediante fraude o tergiversación
- Deudas resultantes de conducir bajo influencia (DUI) o conducción temeraria
- Ciertos tipos de deuda garantizada, como una hipoteca o préstamo para automóvil, si el deudor desea conservar la propiedad que garantiza la deuda

Es importante tener en cuenta que las leyes y regulaciones sobre las deudas cancelables y no cancelables pueden variar de un estado a otro, y siempre es mejor consultar con un abogado de bancarrota antes de presentar una bancarrota del Capítulo 7 para comprender claramente qué deudas serán cancelables y cuáles no.

Ciertos tipos de sentencias pueden cancelarse bajo la bancarrota del Capítulo 7, pero depende de la naturaleza de la sentencia y cómo se obtuvo.

- Sentencias civiles: Las sentencias civiles que resultan de una demanda en la que un acreedor demanda al deudor por deudas impagas, como deuda de tarjeta de crédito, facturas médicas o préstamos personales, generalmente se pueden cancelar en una bancarrota del Capítulo 7.

- Obligaciones de apoyo doméstico: Las sentencias por obligaciones de apoyo doméstico, como manutención infantil y pensión alimenticia, no se pueden cancelar en una bancarrota del Capítulo 7.

- Sentencias por fraude: Las sentencias que resultan de fraude o tergiversación, como una sentencia obtenida mediante engaño o tergiversación, no se pueden cancelar en una bancarrota del Capítulo 7.

- Sentencias penales: Las sentencias que resultan de cargos penales, como multas o sanciones impuestas por un tribunal por una condena penal, no se pueden cancelar en una bancarrota del Capítulo 7.

- Ciertos tipos de sentencias de agencias gubernamentales: Las sentencias impuestas por agencias gubernamentales por ciertos tipos de violaciones, como leyes ambientales o de valores, pueden no ser cancelables en una bancarrota del Capítulo 7.

Es importante tener en cuenta que las leyes y regulaciones sobre las sentencias cancelables y no cancelables pueden variar de un estado a otro, y siempre es mejor consultar con un abogado de bancarrota antes de presentar una bancarrota del Capítulo 7 para comprender claramente qué sentencias serán cancelables y cuáles no.

La mayoría de los impuestos no se pueden cancelar en una bancarrota del Capítulo 7, con algunas excepciones. En general, los impuestos se consideran deudas prioritarias, lo que significa que deben pagarse antes que otros tipos de deudas.

- Impuestos sobre la renta: Generalmente no se pueden cancelar en una bancarrota del Capítulo 7. Sin embargo, hay algunas excepciones. Por ejemplo, los impuestos sobre la renta pueden ser cancelables si tienen más de tres años, fueron evaluados más de 240 días antes de presentar la bancarrota, y si el deudor no cometió fraude ni evadió impuestos.

- Impuestos sobre ventas: No se pueden cancelar en una bancarrota del Capítulo 7.

- Impuestos sobre la propiedad: No se pueden cancelar en una bancarrota del Capítulo 7 si tienen menos de un año. Sin embargo, si los impuestos tienen más de un año, pueden ser cancelables si no se consideran deudas prioritarias.

- Multa por recuperación de fondos fiduciarios (TFRP): Esta es una multa impuesta por el IRS a ciertas personas responsables de recaudar, contabilizar y entregar ciertos impuestos laborales, como los impuestos de nómina, y no lo hacen. La TFRP no se puede cancelar en una bancarrota del Capítulo 7.

Es importante tener en cuenta que las leyes y regulaciones sobre los impuestos cancelables y no cancelables pueden variar de un estado a otro, y siempre es mejor consultar con un abogado de bancarrota o un profesional de impuestos antes de presentar una bancarrota del Capítulo 7 para comprender claramente qué impuestos serán cancelables y cuáles no.

La bancarrota del Capítulo 13, también conocida como bancarrota de "reorganización", es un tipo de bancarrota disponible para individuos y parejas casadas que tienen ingresos regulares y una cantidad significativa de deuda. A diferencia de la bancarrota del Capítulo 7, que liquida activos para pagar a los acreedores, la bancarrota del Capítulo 13 permite al deudor conservar sus activos y pagar sus deudas durante un período de 3 a 5 años mediante un plan de pagos.

Cuando una persona se declara en bancarrota del Capítulo 13, debe proponer un plan de pagos que describa cómo pagará a sus acreedores durante un período de 3 a 5 años. El plan debe ser aprobado por el tribunal y por los acreedores del deudor. El deudor hará pagos al síndico, quien luego distribuirá los pagos a los acreedores de acuerdo con los términos del plan.

Uno de los principales beneficios del Capítulo 13 es que permite al deudor conservar sus activos, como su casa o su automóvil, incluso si está atrasado en los pagos. El deudor también puede usar el plan para ponerse al día con pagos de hipoteca o automóvil atrasados, y pagar ciertos tipos de deuda que no se pueden cancelar en una bancarrota del Capítulo 7, como la mayoría de los impuestos o préstamos estudiantiles.

El deudor también debe asistir a una reunión de acreedores, también conocida como "reunión 341", donde el síndico y los acreedores pueden hacerle preguntas sobre su situación financiera y el plan de pagos propuesto.

El Capítulo 13 también proporciona una suspensión automática, que es una orden del tribunal que impide a los acreedores tomar cualquier acción de cobro contra el deudor. Una vez que se completa el plan de pagos, el deudor recibirá una liberación, lo que lo libera de la responsabilidad personal por la mayoría de sus deudas cancelables.

Es importante tener en cuenta que el deudor debe tener ingresos regulares para ser elegible para la bancarrota del Capítulo 13, y el tribunal considerará los ingresos y gastos del deudor al aprobar un plan de pagos. Además, presentar una bancarrota del Capítulo 13 puede tener un impacto significativo en la calificación crediticia de una persona, y permanecerá en su informe de crédito por hasta 7 años.

Parte 2: Quiebra empresarial

El Capítulo 7 de la Ley de Quiebras, también conocido como "liquidación", es un tipo de bancarrota disponible para empresas que no pueden pagar sus deudas a su vencimiento. El propósito de la Ley de Quiebras es vender los activos de la empresa y utilizar los fondos para pagar a sus acreedores.

Cuando una empresa se declara en bancarrota bajo el Capítulo 7, el tribunal designará un síndico para supervisar el proceso. La función del síndico es revisar los activos de la empresa y determinar cuáles están exentos y cuáles no. Los activos exentos suelen ser aquellos necesarios para el funcionamiento de la empresa, como equipos e inventario. El síndico puede vender los activos no exentos, como bienes inmuebles o inversiones, para pagar a los acreedores de la empresa.

La empresa también debe presentar una lista de todos sus acreedores y la cantidad que adeuda a cada uno, así como un cronograma de ingresos y gastos. La empresa también debe asistir a una reunión de acreedores, también conocida como "reunión 341", donde el síndico y los acreedores pueden hacerle preguntas sobre su situación financiera.

Una vez que el fideicomisario haya revisado los activos de la empresa y determinado cuáles no están exentos, los venderá y utilizará el producto para pagar a los acreedores de la empresa. Cualquier deuda restante que no sea liquidable deberá ser pagada por la empresa.

También es importante tener en cuenta que declararse en quiebra según el Capítulo 7 puede tener un impacto significativo en la calificación crediticia y la reputación de una empresa, y puede resultar difícil para la empresa obtener crédito o asegurar préstamos en el futuro.

La bancarrota empresarial del Capítulo 11, también conocida como bancarrota de reorganización, es un tipo de bancarrota disponible para empresas que desean continuar operando mientras reorganizan sus deudas. El propósito de la bancarrota del Capítulo 11 es permitir que la empresa reestructuró su deuda y operaciones para recuperar su viabilidad financiera.

Cuando una empresa se declara en bancarrota bajo el Capítulo 11, debe proponer un plan de reorganización al tribunal. Este plan debe describir cómo la empresa pretende pagar a sus acreedores y reorganizar sus operaciones. El plan debe ser aprobado por el tribunal y los acreedores de la empresa. Una vez aprobado, la empresa operará bajo la supervisión del tribunal mientras paga sus deudas según los términos del plan.
Una de las principales ventajas del Capítulo 11 de bancarrota es que permite a la empresa continuar operando mientras reorganiza sus deudas. La empresa también puede usar el plan para ponerse al día con los pagos atrasados y liquidar ciertos tipos de deudas que no se pueden liquidar mediante el Capítulo 7, como la mayoría de los impuestos o ciertos tipos de deudas garantizadas.

La empresa también debe asistir a una reunión de acreedores, también conocida como "reunión 341", donde el fideicomisario y los acreedores pueden hacerle preguntas a la empresa sobre su situación financiera y el plan de reorganización propuesto.

El Capítulo 11 de bancarrota también ofrece una suspensión automática, una orden judicial que impide a los acreedores iniciar cualquier acción de cobro contra la empresa. Una vez completado el plan de reorganización, la empresa recibirá una condonación, que la libera de la responsabilidad personal por la mayoría de sus deudas condonables.

Es importante tener en cuenta que el proceso de bancarrota del Capítulo 11 para empresas es más complejo y puede llevar más tiempo que para individuos y para el Capítulo 7. Puede tomar varios meses o varios años completar el proceso y requiere que la empresa continúe operando, lo que puede ser difícil en algunos casos.

Además, la empresa debe tener suficientes ingresos para pagar sus deudas y continuar operando. El tribunal considerará los ingresos y gastos de la empresa al aprobar un plan de reorganización. Declararse en bancarrota bajo el Capítulo 11 puede tener un impacto significativo en la calificación crediticia, la reputación y la financiación futura de una empresa, por lo que siempre es recomendable consultar con un abogado especializado en bancarrotas antes de declararse en bancarrota bajo el Capítulo 11.

Parte 3: Incumplimiento

El impago de un préstamo ocurre cuando el prestatario no realiza los pagos según lo acordado en el contrato. El impago puede tener graves consecuencias, tanto para el prestatario como para el prestamista.

Para los prestatarios, el impago de un préstamo puede dañar su historial crediticio y dificultar la obtención de crédito en el futuro. Esto puede dificultar la aprobación de préstamos, tarjetas de crédito y otros productos financieros, y puede resultar en tasas de interés y comisiones más altas. Además, quienes incumplen préstamos con garantía, como hipotecas o préstamos para automóviles, pueden arriesgarse a perder sus bienes, como su casa o automóvil.

Para los prestamistas, el incumplimiento puede resultar en la pérdida de ingresos y el aumento de los costos asociados con el cobro de la deuda. En algunos casos, los prestamistas pueden emprender acciones legales para recuperar la deuda, lo que puede perjudicar aún más la calificación crediticia del prestatario y generar cargos y sanciones adicionales.

Existen varias razones por las que un prestatario puede incumplir un préstamo. Estas pueden incluir un cambio repentino en su situación financiera, como la pérdida de un empleo o una emergencia médica, o una mala gestión financiera, como gastar de más o endeudarse demasiado. En algunos casos, los prestatarios también pueden incumplir debido a fraude u otra actividad ilegal.

Si un prestatario tiene dificultades para realizar los pagos de un préstamo, es importante contactar al prestamista lo antes posible para analizar las opciones de reembolso o modificación del préstamo. Muchos prestamistas están dispuestos a colaborar con los prestatarios para encontrar una solución mutuamente beneficiosa que ayude a evitar el impago.

En general, no pagar un préstamo puede tener graves consecuencias tanto para los prestatarios como para los prestamistas, y es importante considerar cuidadosamente los costos y riesgos asociados con el préstamo de dinero antes de firmar cualquier acuerdo de préstamo.

El impago es un término que se utiliza para describir una situación en la que un prestatario no realiza los pagos requeridos de un préstamo o deuda. Cuando un prestatario incumple, significa que se ha atrasado en sus pagos y no ha cumplido con los términos de su contrato de préstamo. El impago de un préstamo puede tener graves consecuencias, entre ellas:

1. Crédito dañado: el incumplimiento de un préstamo puede tener un impacto significativo en la puntuación crediticia de una persona y

permanecer en su informe crediticio durante varios años, lo que dificulta la obtención de crédito en el futuro.

2. Acción legal: En algunos casos, el prestamista puede tomar acciones legales para recuperar la deuda, cómo presentar una demanda.
3. Reposesión: En caso de incumplimiento de un préstamo garantizado, como un préstamo para un automóvil o una hipoteca, el prestamista puede tener derecho a recuperar la garantía utilizada para garantizar el préstamo.
4. Salarios embargados: si un prestamista gana un juicio contra un prestatario en el tribunal, es posible que pueda embargar el salario del prestatario para recuperar la deuda.

Es importante realizar los pagos puntuales de todos los préstamos y deudas para evitar el impago y las consecuencias negativas que conlleva. Si una persona tiene dificultades para realizar los pagos de su préstamo, puede ser útil contactar a su prestamista para ver si se pueden encontrar alternativas de pago.

Comparando la quiebra con el impago

Si es mejor declararse en quiebra o dejar de pagar sus deudas depende de su situación financiera individual y de los tipos de deuda que tenga.

Declararse en bancarrota puede brindar un nuevo comienzo a personas y empresas con problemas de deudas. Por ejemplo, en una bancarrota del Capítulo 7, se pueden cancelar muchos tipos de deudas no garantizadas, lo que permite eliminarlas y comenzar de nuevo. En una bancarrota del Capítulo 13, se pueden reorganizar las deudas y pagarlas en un plazo de 3 a 5 años mediante un plan de pago.

Por otro lado, el incumplimiento de sus deudas es no pagar sus deudas según lo acordado y puede tener consecuencias graves, entre ellas:

- Daño a su puntaje de crédito: El incumplimiento de sus deudas puede tener un impacto significativo en su puntaje de crédito y puede dificultar la obtención de crédito, un préstamo o una hipoteca en el futuro.
- Acciones de cobro: Si no paga sus deudas, sus acreedores pueden tomar acciones legales para cobrar la deuda, incluido el embargo de salario, la incautación de cuentas bancarias y gravámenes sobre la propiedad.
- Demandas: Sus acreedores también podrían presentar una demanda en su contra para cobrar la deuda. Si ganan la demanda, podrían obtener una sentencia en su contra, lo que puede resultar en embargo de salario, embargo de cuentas bancarias y otras acciones de cobro.
- Proceso largo: Dejar de pagar sus deudas puede ser un proceso largo y estresante, ya que tendrá que lidiar con acciones de cobro, demandas y otros procedimientos legales.

Siempre es recomendable consultar con un abogado especializado en bancarrotas o un asesor financiero antes de decidir si declararse en bancarrota o incumplir sus deudas. Ellos pueden ayudarle a comprender las ventajas y desventajas de cada opción y a determinar la mejor opción para su situación financiera específica.

Parte 4: Alivio de la deuda

El alivio de la deuda se refiere a diversas medidas que se implementan para ayudar a personas o países que no pueden pagar sus deudas. Estas medidas pueden incluir la condonación, la reestructuración o la reducción del monto adeudado. La condonación implica cancelar la totalidad o parte de la deuda, mientras que la reestructuración implica renegociar las condiciones de la deuda, como la tasa de interés o el cronograma de pago. El alivio de la deuda también puede implicar una reducción del monto adeudado, también conocida como reducción de la deuda. Esto puede lograrse condonando una parte de la deuda o extendiendo el plazo de pago. Las medidas de alivio de la deuda pueden ser implementadas por gobiernos, organizaciones internacionales o acreedores privados y pueden estar destinadas a ayudar a personas, empresas o países enteros que enfrentan dificultades financieras.

La reducción de deuda, también conocida como alivio o condonación de deuda, es una medida mediante la cual un prestamista se compromete a reducir la deuda de un prestatario. Esto puede lograrse condonando una parte de la deuda o extendiendo el plazo de pago.

Hay varias maneras de reducir la deuda. Una es mediante la condonación, en la que el prestamista acepta condonar una parte de la deuda. Otra es mediante la reestructuración, en la que se renegocian las condiciones, como la tasa de interés o el cronograma de pagos. Esto puede facilitar el pago de la deuda al prestatario.

La reducción de deuda puede aplicarse a diversos tipos de deuda, como la de consumo, la empresarial y la soberana. Puede ser proporcionada por gobiernos, organizaciones internacionales o acreedores privados y su objetivo puede ser ayudar a personas, empresas o países enteros que afronten dificultades financieras.

Al igual que la condonación de deudas, la reducción de la deuda puede tener consecuencias tanto positivas como negativas. Por un lado, puede brindar un alivio muy necesario a personas y países que enfrentan dificultades financieras. Por otro lado, también puede generar un riesgo moral, una situación en la que los prestamistas se muestran más dispuestos a prestar dinero a prestatarios de alto riesgo porque creen que la deuda se reducirá si el prestatario no puede pagarla. Además, la reducción de la deuda también puede tener implicaciones políticas y económicas, especialmente en el caso de la deuda soberana. La decisión de reducir la deuda puede ser controvertida y, además, puede afectar la solvencia del país y la disposición de otros acreedores a prestarle en el futuro.

Al igual que la condonación de deudas, la reducción de la deuda puede tener consecuencias tanto positivas como negativas. Por un lado, puede brindar un alivio muy necesario a personas y países que enfrentan dificultades financieras. Por otro lado, también puede generar un riesgo moral, una situación en la que los prestamistas se muestran más dispuestos a prestar dinero a prestatarios de alto riesgo porque creen que la deuda se reducirá si el prestatario no puede pagarla. Además, la reducción de la deuda también puede tener implicaciones políticas y económicas, especialmente en el caso de la deuda soberana. La decisión de reducir la deuda puede ser controvertida y, además, puede afectar la solvencia del país y la disposición de otros acreedores a prestarle en el futuro.

En general, la reducción de la deuda es una medida destinada a ayudar a personas, empresas o países que enfrentan dificultades financieras y no pueden pagar sus deudas. Sin embargo, es una medida que debe evaluarse cuidadosamente considerando sus posibles implicaciones.

La condonación de deuda, también conocida como cancelación de deuda, es una medida mediante la cual un prestamista se compromete a cancelar la totalidad o parte de la deuda de un prestatario. Esto significa que el prestatario ya no está obligado a reembolsar el monto condonado. La condonación de deuda puede aplicarse a diversos tipos de deuda, como la deuda de consumo, la deuda empresarial y la deuda soberana.

Existen varias razones por las que un prestamista puede optar por condonar una deuda. Por ejemplo, en el caso de la deuda de consumo, un prestamista puede condonar una parte de la deuda para ayudar al prestatario a evitar la quiebra o a recuperarse financieramente. En el caso de la deuda soberana, un país puede estar atravesando una grave crisis económica y ser incapaz de pagar sus deudas. En este caso, las organizaciones internacionales u otros acreedores pueden condonar una parte de la deuda del país para ayudarle a recuperarse.

Además, la condonación de deuda también puede tener implicaciones políticas y económicas, especialmente en el caso de la deuda soberana. La decisión de condonar deuda puede ser controvertida y, además, puede afectar la solvencia del país y la disposición de otros acreedores a prestarle en el futuro.

Sí, existe un tipo de consolidación financiera para particulares, conocida como consolidación de deudas. La consolidación de deudas es un proceso mediante el cual una persona combina múltiples deudas pendientes, como deudas de tarjetas de crédito, préstamos personales y facturas médicas, en un solo préstamo nuevo con una tasa de interés más baja o condiciones más favorables. El objetivo de la consolidación de deudas es facilitar la gestión de las deudas y agilizar el pago, reduciendo el costo total de la deuda y agilizando el proceso de pago.

Existen varias formas de consolidar deudas, entre ellas:

- Solicitar un préstamo personal para pagar otras deudas: esta puede ser una buena opción si el individuo puede calificar para un préstamo con una tasa de interés más baja que sus deudas existentes.
- Usar una tarjeta de crédito de transferencia de saldo: esto implica transferir múltiples saldos de tarjetas de crédito a una sola tarjeta con una tasa de interés más baja o una tasa promocional.
- Inscribirse en un plan de gestión de deuda: se trata de un plan de pago organizado por una agencia de asesoramiento crediticio e implica la consolidación de múltiples deudas en un solo pago mensual.
- Utilizar un préstamo o línea de crédito con garantía hipotecaria: esto implica tomar prestado contra el valor líquido de la vivienda de una persona para pagar otras deudas.

Es importante tener en cuenta que consolidar deudas no las hace desaparecer, solo cambia su forma y puede hacerlas más manejables. Además, dependiendo del método de consolidación, podría estar contratando una deuda con garantía en lugar de una sin garantía, lo que puede tener diferentes implicaciones en su puntaje crediticio y sus activos. Se recomienda consultar con un asesor financiero o de crédito antes de tomar cualquier decisión.

Capítulo 3: Crédito

El crédito se refiere a la capacidad de un prestatario para obtener bienes o servicios antes del pago, basado en la promesa de pagar más adelante. El crédito puede presentarse en varias formas, incluyendo préstamos, tarjetas de crédito, líneas de crédito e hipotecas.

El crédito es importante porque permite a individuos y empresas realizar compras e inversiones que de otro modo no podrían pagar. Sin embargo, el crédito también conlleva riesgos, como la posibilidad de incumplir pagos y acumular cargos por intereses.

Para obtener crédito, los prestatarios deben demostrar solvencia crediticia mostrando que tienen ingresos confiables y un buen historial crediticio. Las puntuaciones de crédito, que se basan en el historial crediticio y otros factores, son utilizadas por los prestamistas para evaluar la solvencia de un prestatario.

Al usar crédito, los prestatarios deben hacer pagos puntuales para evitar cargos por mora y daños a su puntuación de crédito. También se aplican tasas de interés al crédito, lo que significa que los prestatarios tendrán que devolver más de lo que pidieron prestado.

En general, el crédito puede ser una herramienta financiera útil, pero es importante usarlo de manera responsable y comprender los términos y condiciones del acuerdo de crédito.

Parte 1: Edificio de crédito

Construir crédito es un proceso que consiste en establecer un historial crediticio positivo que demuestre a los prestamistas que usted es un prestatario responsable. Aquí hay algunos pasos que puede seguir para construir su crédito:

1. Obtén una tarjeta de crédito: Obtener una tarjeta de crédito y usarla responsablemente es una de las maneras más fáciles de empezar a generar crédito. Asegúrate de usarla regularmente y pagar el saldo completo cada mes.
2. Realice los pagos a tiempo: los pagos atrasados tienen un impacto negativo en su puntaje de crédito, por lo que es importante realizar todos sus pagos a tiempo.
3. Mantenga bajos los saldos de sus tarjetas de crédito: Un saldo alto en sus tarjetas de crédito puede indicar que está sobrepasando sus límites de crédito y que podría tener dificultades para pagar su deuda. Mantener sus saldos bajos en relación con sus límites de crédito demuestra a los prestamistas que usted es un prestatario responsable.
4. Solicita crédito solo cuando lo necesites: Cada vez que solicitas crédito, se realiza una consulta exhaustiva en tu informe crediticio, lo que puede reducir temporalmente tu puntaje crediticio. Por lo tanto, es importante solicitar crédito solo cuando lo necesites.
5. Diversifique su crédito: una combinación de diferentes tipos de crédito, como una tarjeta de crédito, un préstamo para automóvil y una hipoteca, puede ayudarle a construir su crédito
6. Controle su informe de crédito: Controlar periódicamente su informe de crédito puede ayudarle a detectar errores y posibles fraudes, y le da la oportunidad de disputar cualquier inexactitud.

Construir crédito lleva tiempo, pero con persistencia y hábitos financieros responsables, usted puede establecer un historial crediticio positivo y mejorar su puntuación crediticia.

Hay varios factores que pueden dañar el crédito de una persona, entre ellos:

1. Pagos atrasados: Los pagos atrasados pueden tener un impacto significativo en la puntuación crediticia de una persona, especialmente si se retrasa habitualmente.
2. Saldos elevados en las tarjetas de crédito: Mantener saldos elevados en las tarjetas de crédito en relación con el límite de crédito puede indicar a los prestamistas que una persona puede estar sobreexigida y tener problemas para pagar sus deudas.
3. Maximizar el uso de las tarjetas de crédito: Maximizar el uso de las tarjetas de crédito puede tener un impacto negativo en el índice de utilización del crédito de una persona, que es un factor clave para determinar su puntaje crediticio.
4. Solicitar demasiado crédito a la vez: cada vez que una persona solicita crédito, se produce una consulta exhaustiva en su informe crediticio, lo que puede reducir temporalmente su puntaje crediticio.
5. Incumplimiento de pago de un préstamo: Incumplir un préstamo, como una hipoteca o un préstamo para un automóvil, puede tener un impacto significativo en la puntuación crediticia de una persona y permanecer en su informe crediticio durante varios años.
6. Cobros de deudas: Los cobros de deudas, especialmente aquellos que llegan a los tribunales, también pueden tener un impacto negativo en la puntuación crediticia de una persona y permanecer en su informe crediticio durante varios año.

Es importante conocer estos factores y tomar medidas para mantener un historial crediticio positivo y mejorar su puntaje crediticio. Esto incluye realizar los pagos a tiempo, mantener bajos los saldos de las tarjetas de crédito y revisar su informe crediticio regularmente.

Parte 2: Tarjeta de crédito

Puede solicitar una tarjeta de crédito en la mayoría de los principales bancos, cooperativas de crédito y otras instituciones financieras. También puede solicitarla en línea, por correo postal o por teléfono

Cuándo solicitar una tarjeta de crédito:

- Es posible que desee considerar solicitar una tarjeta de crédito cuando necesite realizar una compra grande y desee distribuir los pagos a lo largo del tiempo.
- Si está planeando viajar y desea utilizar una tarjeta de crédito para reservar vuelos, hoteles y coches de alquiler.
- Si desea construir o mejorar su puntaje de crédito.

Dónde solicitar una tarjeta de crédito:

- Bancos: La mayoría de los bancos ofrecen tarjetas de crédito. Puede consultar con el banco donde tiene su cuenta corriente o de ahorros.
- Compañías de tarjetas de crédito: Muchas compañías de tarjetas de crédito, como Visa, Mastercard, Discover y American Express, tienen sus propias tarjetas de crédito.
- En línea: Hay muchos sitios web que le permiten comparar ofertas de tarjetas de crédito y solicitar una tarjeta de crédito en línea.
- Cooperativas de crédito: Algunas cooperativas de crédito también ofrecen tarjetas de crédito a sus miembros.

Al solicitar una tarjeta de crédito, es importante comparar diferentes ofertas y elegir la que mejor se adapte a tus necesidades. También puedes consultar tu puntaje crediticio e historial financiero antes de solicitarla para aumentar tus posibilidades de aprobación.

Existen varias razones por las que a una persona se le puede denegar una tarjeta de crédito. Algunas de las más comunes son:

1. Historial crediticio insuficiente: si una persona tiene poco o ningún historial crediticio, es posible que se le niegue una tarjeta de crédito porque los prestamistas la consideran un riesgo mayor.
2. Puntaje crediticio bajo: si una persona tiene un puntaje crediticio bajo, se le puede negar una tarjeta de crédito porque los prestamistas la consideran un riesgo mayor.
3. Alta relación deuda-ingreso: si una persona tiene un alto nivel de deuda existente en relación con sus ingresos, es posible que se le niegue una tarjeta de crédito porque los prestamistas la consideran un riesgo mayor
4. Ingresos no verificables: si una persona no puede proporcionar prueba de ingresos, se le puede negar una tarjeta de crédito porque los prestamistas la consideran un riesgo mayor.
5. Fraude o robo de identidad: si el historial crediticio de una persona se ha visto afectado por fraude o robo de identidad, se le puede negar una tarjeta de crédito.

Desventajas de tener una tarjeta de crédito:

1. Tasas de interés altas: Las tarjetas de crédito suelen tener tasas de interés altas, lo que puede dificultar el pago de los saldos si los traslada de un mes a otro.
2. Tarifas: Algunas tarjetas de crédito cobran tarifas anuales, tarifas de transferencia de saldo y otros tipos de tarifas, que pueden acumularse con el tiempo.
3. Tentación de gastar demasiado: Las tarjetas de crédito pueden facilitar el gasto excesivo, lo que puede generar altos niveles de deuda.

4. Puede afectar su puntaje de crédito: si no realiza pagos, tiene saldos altos o utiliza el máximo de su tarjeta de crédito, puede afectar negativamente su puntaje de crédito.
5. Puede resultar más difícil elaborar un presupuesto: las tarjetas de crédito pueden dificultar el cumplimiento de un presupuesto porque es fácil perder la noción de cuánto se está gastando.

Es importante estar al tanto de estos posibles riesgos y usar las tarjetas de crédito con responsabilidad. También es recomendable revisar su informe crediticio periódicamente y tomar medidas para mejorar su puntaje crediticio si es necesario.

Una relación deuda-ingresos (DTI) alta puede dificultar la aprobación de una tarjeta de crédito u otros tipos de crédito. Aquí hay algunos pasos que puede seguir para reducir su DTI y mejorar sus posibilidades de obtener la aprobación de una tarjeta de crédito:

1. Liquidar las deudas existentes: Concéntrese primero en liquidar los saldos de tarjetas de crédito con intereses altos u otros tipos de deuda. Esto puede ayudarle a reducir su ratio de deuda a largo plazo (DTI) y mejorar su puntaje crediticio.
2. Aumente sus ingresos: puede trabajar para aumentar sus ingresos consiguiendo un trabajo mejor remunerado, iniciando un negocio o actividad secundaria, o encontrando otras formas de ganar más dinero.
3. Crea un presupuesto: Crea un presupuesto que te permita vivir dentro de tus posibilidades y priorizar el pago de deudas. Esto te ayudará a controlar tus gastos y a mejorar tu relación DTI.
4. Limite las nuevas solicitudes de crédito: cada vez que solicita crédito, se realiza una consulta exhaustiva en su informe crediticio, lo que puede reducir su puntaje crediticio. Limite la cantidad de nuevas solicitudes de crédito que realiza.

5. Considere un préstamo de consolidación de deuda: si tiene varias deudas con intereses altos, un préstamo de consolidación de deuda puede ayudarle a pagarlas a una tasa de interés más baja y con un solo pago mensual.
6. Busque asesoría crediticia: Si tiene dificultades para administrar sus deudas, considere buscar asesoría crediticia en una organización sin fines de lucro. Pueden ayudarle a crear un plan para saldar sus deudas y mejorar su historial crediticio.

Es importante recordar que mejorar su relación DTI y su puntaje de crédito requiere tiempo y esfuerzo, pero con persistencia y un plan, puede alcanzar sus objetivos y obtener la aprobación para una tarjeta de crédito

Parte 3: Informes de crédito

Un informe crediticio es un registro detallado del historial crediticio de una persona, que incluye información sobre sus cuentas de crédito, historial de pagos y otras actividades financieras. Los informes crediticios son elaborados por agencias de informes crediticios, que recopilan información de diversas fuentes, como bancos, compañías de tarjetas de crédito y otros prestamistas.

Los informes de crédito suelen incluir información como el nombre, la dirección, la fecha de nacimiento y el número de Seguro Social de la persona. También incluyen una lista de todas las cuentas de crédito que posee, junto con información sobre los saldos de las cuentas, el historial de pagos y los límites de crédito.

Además de las cuentas de crédito, los informes crediticios también pueden incluir información sobre otras actividades financieras, como quiebras, ejecuciones hipotecarias y cobranzas. También pueden incluir consultas, que son registros de cualquier momento en que alguien haya solicitado una copia del informe crediticio de una persona.

Los informes crediticios son utilizados por prestamistas, arrendadores, empleadores y otras organizaciones para evaluar la solvencia de una persona y su capacidad para gestionar sus deudas. Un buen informe crediticio facilita la obtención de préstamos, tarjetas de crédito y otros productos financieros con tasas de interés favorables, mientras que un informe crediticio deficiente puede dificultar y encarecer la obtención de crédito.

Según la ley Estadounidense, las personas tienen derecho a una copia gratuita de su informe crediticio de cada una de las tres principales agencias de informes crediticios (Equifax, Experian y TransUnion) una vez cada 12 meses. Es recomendable revisar su informe crediticio periódicamente para asegurarse de que sea preciso y esté actualizado, y para corregir cualquier error o discrepancia que pueda afectar su puntaje crediticio.

Un informe crediticio suele contener una amplia gama de información sobre el historial crediticio y el comportamiento financiero de una persona. Algunos de los elementos clave que se incluyen en un informe crediticio son:

1. Información personal: esto incluye el nombre de la persona, direcciones actuales y anteriores, número de Seguro Social y fecha de nacimiento.
2. Cuentas de crédito: Esta sección enumera todas las cuentas de crédito que la persona ha abierto, como tarjetas de crédito, préstamos e hipotecas. Cada cuenta incluye información como el nombre del acreedor, el número de cuenta, la fecha de apertura, el límite de crédito o el monto del préstamo y el historial de pagos.
3. Cuentas de crédito: Esta sección enumera todas las cuentas de crédito que la persona ha abierto, como tarjetas de crédito, préstamos e hipotecas. Cada cuenta incluye información como el nombre del acreedor, el número de cuenta, la fecha de apertura, el límite de crédito o el monto del préstamo y el historial de pagos.
4. Historial de pagos: Esta sección muestra el historial de pagos de la persona para cada una de sus cuentas de crédito. Incluye información sobre si los pagos se realizaron a tiempo, con retraso o no se realizaron, y el tiempo de atraso.
5. Consultas de crédito: Esta sección muestra cualquier consulta reciente realizada por prestamistas u otras partes que hayan solicitado una copia del informe de crédito de la persona.

6. Puntuación crediticia: El informe crediticio también puede incluir la puntuación crediticia de la persona, que es una representación numérica de su solvencia basada en la información del informe.

En general, un informe de crédito proporciona una imagen detallada del historial crediticio y el comportamiento financiero de una persona, que los prestamistas y otras partes utilizan para evaluar su solvencia y su capacidad para pagar deudas.

Diversas entidades, como prestamistas, emisores de tarjetas de crédito, arrendadores, empleadores y compañías de seguros, utilizan los informes crediticios para evaluar la solvencia y el historial financiero de una persona. A continuación, se presentan algunos usos específicos de un informe crediticio:

1. Decisiones crediticias: Los bancos, las cooperativas de crédito y otros prestamistas utilizan los informes crediticios para determinar si aprueban la solicitud de préstamo de una persona y, de ser así, qué tasa de interés cobrar. La puntuación crediticia y el historial crediticio de una persona son factores importantes en estas decisiones.
2. Solicitudes de tarjetas de crédito: Las compañías de tarjetas de crédito utilizan los informes crediticios para evaluar la solvencia de una persona y determinar si aprueban su solicitud. La puntuación crediticia y el historial crediticio de una persona son factores clave en estas decisiones.
3. Decisiones laborales: Los empleadores pueden usar informes crediticios como parte del proceso de contratación, especialmente para puestos que requieren responsabilidad financiera o acceso a información financiera confidencial. En algunos estados, los empleadores deben obtener el permiso de la persona antes de acceder a su informe crediticio.
4. Solicitudes de seguros: Las compañías de seguros pueden utilizar informes de crédito para ayudar a determinar las primas y tarifas

de las pólizas, ya que el historial crediticio puede ser un indicador de riesgo.

5. Verificación de identidad: Los informes de crédito también se pueden utilizar para verificar la identidad de una persona, ya que contienen información personal confidencial como nombre, dirección y número de Seguro Social.

En general, los informes de crédito juegan un papel crucial en muchas decisiones financieras y personales importantes, y es importante que las personas revisen periódicamente su informe de crédito para verificar su precisión y tomen medidas para mejorar su crédito si es necesario.

No tener un informe crediticio puede ser una desventaja para quienes buscan establecer su solvencia y acceder a productos crediticios. A continuación, se presentan algunos posibles inconvenientes de no tener un informe crediticio:

1. Dificultad para obtener aprobación de crédito: Sin un informe crediticio, los prestamistas podrían no tener suficiente información para evaluar la solvencia de una persona y podrían tener menos probabilidades de aprobar su solicitud de préstamo o tarjeta de crédito. Esto puede dificultar el acceso a productos crediticios, como una hipoteca o un préstamo para automóvil.
2. Tasas de interés y tarifas más altas: si a una persona se le aprueba un crédito sin un informe crediticio, se le pueden cobrar tasas de interés o tarifas más altas porque los prestamistas lo consideran un prestatario de mayor riesgo.
3. Acceso limitado a ciertos servicios: Algunos servicios, como el alquiler de un apartamento o la contratación de un contrato de telefonía celular, pueden requerir una verificación de crédito durante el proceso de solicitud. Sin un informe crediticio, una

persona podría tener opciones limitadas o tener que pagar un depósito.

4. Oportunidades perdidas de generar crédito: Sin un informe crediticio, las personas pueden perder oportunidades de generar crédito, cómo usar una tarjeta de crédito de manera responsable o realizar pagos puntuales de un préstamo.
5. Mayor vulnerabilidad al robo de identidad: sin un informe crediticio, las personas pueden no estar al tanto de la actividad fraudulenta en sus cuentas de crédito y podrían correr un mayor riesgo de robo de identidad.

En general, no tener un informe crediticio puede dificultar el acceso a productos crediticios, la generación de crédito y el aprovechamiento de ciertos servicios. Es importante que las personas establezcan su historial crediticio con anticipación y revisen su informe crediticio regularmente para evitar estos posibles inconvenientes.

Parte 4: Reparación de crédito

La reparación de crédito es el proceso de mejorar la situación crediticia de una persona mediante la identificación y corrección de errores en su informe crediticio y la negociación con los acreedores para eliminar los elementos negativos. El objetivo es aumentar el puntaje crediticio de la persona, facilitando la obtención de préstamos, tarjetas de crédito y otros productos financieros con mejores condiciones y tasas de interés más bajas. Algunos métodos comunes de reparación de crédito incluyen disputar errores en los informes crediticios, saldar deudas y crear un presupuesto para administrar las finanzas eficazmente. Es importante tener en cuenta que, si bien la reparación de crédito puede ser una herramienta útil, no existen garantías y algunos servicios de reparación de crédito pueden utilizar métodos poco éticos o incluso ilegales para mejorar el puntaje crediticio de una persona.

Algunos servicios de reparación de crédito pueden usar métodos poco éticos o incluso ilegales para mejorar la puntuación crediticia de una persona, como falsificar información en los informes crediticios, crear identidades falsas o disputar información negativa legítima sin justificación. Es importante ser cauteloso al elegir un servicio de reparación de crédito e investigar su reputación y métodos antes de contratarlo. Los consumidores también deben saber que tienen derecho a corregir errores en sus propios informes crediticios y a reparar su crédito por su cuenta, sin pagar por un servicio de reparación de crédito.

La reparación de crédito se refiere al proceso de mejorar la solvencia de una persona, la cual se determina mediante su puntaje crediticio. Los puntajes crediticios se calculan en función de diversos factores, como el historial de pagos, los montos adeudados, la duración del historial crediticio, los tipos de crédito utilizados y los nuevos créditos.

Si una persona tiene un puntaje crediticio bajo, podría tener dificultades para obtener préstamos o tarjetas de crédito, y también podría verse obligada a pagar tasas de interés más altas. Para mejorar su puntaje crediticio, podría implementar estrategias de reparación de crédito.

El primer paso para reparar el crédito es obtener una copia del informe crediticio de una o más agencias de crédito. Este informe proporcionará información sobre el historial crediticio de la persona, incluyendo cualquier aspecto negativo que pueda estar bajando su puntaje. Es importante revisar el informe cuidadosamente para asegurarse de que toda la información sea precisa y esté actualizada. Si hay algún error o inexactitud, debe disputarse con la agencia de crédito.

A continuación, una persona puede esforzarse por saldar sus deudas pendientes, especialmente las que están en cobranza o vencidas. Esto puede ayudar a mejorar su historial de pagos y reducir su ratio deuda-ingresos, lo cual puede tener un impacto positivo en su puntaje crediticio.

Además, una persona puede considerar abrir nuevas cuentas de crédito, como una tarjeta de crédito con garantía o un préstamo para generar crédito, para demostrar un comportamiento crediticio responsable y aumentar su tasa de utilización del crédito. Sin embargo, es importante usar estas cuentas con responsabilidad y evitar acumular demasiadas deudas.

Finalmente, también se puede considerar trabajar con una agencia de asesoría crediticia o una empresa de reparación de crédito. Estas organizaciones pueden brindar orientación y apoyo para mejorar la calificación crediticia, pero es importante investigar y elegir una organización con buena reputación para evitar estafas o prácticas fraudulentas.

En general, la reparación de crédito implica una combinación de estrategias para mejorar la solvencia y demostrar un comportamiento crediticio responsable. Puede requerir tiempo y esfuerzo, pero mejorar la puntuación crediticia puede tener un impacto positivo en el futuro financiero.

Las tarjetas de crédito con garantía suelen considerarse el mejor tipo de tarjeta para ayudar a reparar el crédito. Con una tarjeta con garantía, el titular debe realizar un depósito, que se convierte en el límite de crédito de la tarjeta. Esto significa que la compañía de la tarjeta de crédito tiene una garantía en caso de que el titular no pueda pagar el saldo.

Usar una tarjeta de crédito asegurada de forma responsable y realizar los pagos a tiempo puede ayudar a mejorar la puntuación crediticia de una persona con el tiempo. Esto se debe a que la compañía de la tarjeta de crédito informará el historial de pagos de la persona a las agencias de crédito, lo que puede demostrar un comportamiento crediticio responsable y ayudar a mejorar su puntuación crediticia.

Otra opción para reparar el crédito es buscar tarjetas de crédito diseñadas específicamente para personas con puntajes de crédito bajos o regulares. Estas tarjetas pueden tener tasas de interés o cuotas anuales más altas, pero ofrecen la oportunidad de demostrar un comportamiento crediticio responsable y construir un historial crediticio positivo.

Es importante investigar y comparar diferentes tarjetas de crédito para encontrar la mejor opción para sus necesidades y situación financiera. También es importante usar las tarjetas de crédito responsablemente, pagando los saldos completos y puntualmente, y evitando endeudarse demasiado.

Chapter 4: Seguro

El seguro es un acuerdo contractual en el que una persona o entidad (como una empresa) paga una prima a una compañía de seguros a cambio de protección contra pérdidas o daños financieros que puedan surgir debido a eventos inesperados. Estos eventos pueden incluir accidentes, enfermedades, robos, desastres naturales u otros riesgos que puedan afectar al asegurado.

La compañía de seguros agrupa las primas que recibe de sus asegurados y las utiliza para cubrir cualquier pérdida o daño que sufran sus clientes asegurados. Los términos de una póliza de seguro suelen especificar los tipos de eventos cubiertos, el monto de la cobertura y las condiciones bajo las cuales se pueden presentar reclamaciones.

Existen muchos tipos de pólizas de seguro disponibles, como seguro médico, seguro de automóvil, seguro de vivienda, seguro de vida, seguro de discapacidad y seguro comercial. Cada tipo de póliza de seguro ofrece un tipo de protección diferente, y los términos y la cobertura pueden variar considerablemente según la compañía de seguros y la póliza individual.

En resumen, el seguro es una herramienta de gestión de riesgos que ayuda a personas y empresas a protegerse contra pérdidas financieras inesperadas al transferir el riesgo a una compañía de seguros a cambio de una prima.

El seguro ofrece diversos beneficios a personas, empresas y a la sociedad en su conjunto. Estos son algunos de los principales:

1. Protección financiera: El seguro proporciona protección financiera ante imprevistos, como accidentes, enfermedades, desastres naturales o demandas. Puede ayudar a cubrir gastos médicos, daños a la propiedad u honorarios legales, protegiendo a personas y empresas de pérdidas financieras significativas.

2. Gestión de riesgos: El seguro ayuda a personas y empresas a gestionar el riesgo al transferir parte de los riesgos financieros asociados a imprevistos a una compañía de seguros. Esto permite a personas y empresas centrarse en sus actividades principales sin preocuparse por las consecuencias financieras de imprevistos.
3. Tranquilidad: Saber que están protegidos ante imprevistos proporciona tranquilidad a personas y empresas, reduciendo el estrés y la ansiedad.
4. Responsabilidad social: El seguro promueve la responsabilidad social al animar a personas y empresas a tomar medidas para prevenir o minimizar los riesgos asociados a imprevistos. Por ejemplo, una empresa puede instalar equipos de seguridad para reducir el riesgo de accidentes, o una persona puede tomar medidas para mantener una buena salud con tal de reducir el riesgo de enfermedades.
5. Estabilidad Económica: Los seguros ayudan a promover la estabilidad económica al brindar una red de seguridad para personas y empresas. Sin un seguro, los eventos inesperados podrían provocar pérdidas financieras significativas e inestabilidad económica.

En general, los seguros desempeñan un papel fundamental en la promoción de la estabilidad financiera, la gestión de riesgos y la responsabilidad social, brindando importantes beneficios a las personas, las empresas y la sociedad en su conjunto.

No tener seguro puede dejar a las personas y las empresas vulnerables a pérdidas financieras y otras consecuencias negativas. Estos son algunos de los inconvenientes de no tener seguro:

1. Riesgo financiero: Sin seguro, las personas o empresas son responsables de pagar todos los costos asociados con eventos inesperados como accidentes, enfermedades o desastres naturales. Esto puede generar cargas financieras significativas, como deudas, quiebra o pérdida de activos.
2. Riesgo legal: Si una persona o empresa es declarada responsable de daños o lesiones resultantes de un accidente u otro evento, podría verse obligada a pagar costosos honorarios legales y acuerdos. Sin un seguro de responsabilidad civil, estos gastos pueden ser significativos y pueden resultar en la ruina financiera.
3. Riesgo para la salud: Sin seguro médico, las personas corren el riesgo de no poder costear la atención médica necesaria, lo que puede provocar retrasos en el tratamiento, empeoramiento de las condiciones de salud o incluso la muerte.
4. Riesgo profesional: Profesionales como médicos, abogados y contadores pueden enfrentar riesgos significativos si no cuentan con un seguro de responsabilidad civil profesional. Sin esta cobertura, podrían estar expuestos a pérdidas financieras derivadas de demandas u otras reclamaciones legales en su contra.
5. Acceso reducido al crédito: Es menos probable que los prestamistas aprueben préstamos o líneas de crédito a personas o empresas que no tengan seguro, ya que se les considera prestatarios de mayor riesgo.

En resumen, no tener seguro puede dejar a las personas y empresas vulnerables a importantes riesgos financieros, legales y de salud. Es importante considerar cuidadosamente las posibles consecuencias de no tener seguro y elegir pólizas que brinden la protección adecuada contra estos riesgos.

Si alguna vez desea presentar una reclamación de seguro, es posible que se le soliciten los siguientes documentos:

1. Póliza de seguro: Una copia de su póliza de seguro, que describe la cobertura y los términos de su plan de seguro.
2. Formulario de reclamación: Un formulario proporcionado por su compañía de seguros que debe completar para iniciar el proceso de reclamación.
3. Prueba de pérdida: Documentación que verifique el daño o la pérdida que reclama, como fotografías, videos o declaraciones de testigos.
4. Informe policial: Un informe de las fuerzas del orden, si corresponde, como en caso de robo o vandalismo.
5. Historial médico: Si el reclamo está relacionado con un problema médico, podrían requerirse historiales médicos y facturas.
6. Presupuestos de reparación: Si el reclamo está relacionado con daños a la propiedad, como un auto o una casa, podrían requerirse presupuestos de reparación de talleres de reparación de buena reputación.
7. Recibos: Recibos de artículos dañados o robados, si corresponde.
8. Cualquier otra documentación relevante: Cualquier otra documentación que pueda ser relevante para su reclamo, como facturas o contratos.

Es importante tener en cuenta que los documentos específicos requeridos pueden variar según el tipo de póliza de seguro y la naturaleza del reclamo. Siempre es recomendable consultar con su compañía de seguros con anticipación para confirmar sus requisitos.

Part 1: Tipos de Seguro

Existen muchos tipos de seguros disponibles para particulares y empresas, cada uno de los cuales ofrece protección contra diferentes tipos de riesgos. Algunos de los tipos de seguro más comunes incluyen:

1. Seguro médico: Las pólizas de seguro médico cubren el costo de los gastos médicos, incluyendo consultas médicas, hospitalizaciones, medicamentos recetados y procedimientos médicos.
2. Seguro de vida: Las pólizas de seguro de vida brindan protección financiera a la familia o dependientes del asegurado en caso de fallecimiento.
3. Seguro de auto: Las pólizas de seguro de auto brindan cobertura por daños o lesiones resultantes de accidentes que involucren automóviles, camiones u otros vehículos.
4. Seguro de vivienda: Las pólizas de seguro de vivienda brindan cobertura por daños o pérdidas a una vivienda o su contenido causados por eventos como incendios, robos o desastres naturales.
5. Seguro de discapacidad: Las pólizas de seguro de discapacidad brindan un reemplazo de ingresos en caso de que el asegurado quede discapacitado y no pueda trabajar.
6. Seguro de viaje: Las pólizas de seguro de viaje brindan cobertura ante eventos inesperados que puedan ocurrir durante un viaje, como emergencias médicas, cancelaciones de viajes o pérdida de equipaje.
7. Seguro de responsabilidad civil: Las pólizas de seguro de responsabilidad civil protegen a personas o empresas contra

pérdidas financieras que puedan surgir de reclamos o demandas legales.

8. Seguro Comercial: Las pólizas de seguro comercial brindan cobertura para diversos riesgos que pueden afectar a una empresa, incluyendo daños a la propiedad, reclamaciones por responsabilidad civil e interrupción de la actividad comercial.

Estos son solo algunos ejemplos de los muchos tipos de seguros disponibles. Es importante considerar cuidadosamente los riesgos que pueden afectarle a usted o a su empresa y elegir pólizas de seguro que brinden la protección adecuada contra ellos.

Seguro Médico

El seguro médico es un tipo de seguro que brinda protección financiera contra gastos médicos y costos de atención médica. Las pólizas de seguro médico suelen cubrir una variedad de servicios médicos, incluyendo consultas médicas, hospitalizaciones, medicamentos recetados, procedimientos médicos y pruebas diagnósticas.

Existen varios tipos de planes de seguro médico, incluyendo:

1. Seguro Médico Patrocinado por el Empleador: Muchos empleadores ofrecen planes de seguro médico a sus empleados como parte de su paquete de beneficios. Estos planes pueden cubrir al empleado, a su cónyuge y a sus hijos.
2. Seguro Médico Individual: Las personas pueden adquirir planes de seguro médico directamente de las compañías de seguros o a través de los mercados de seguros médicos administrados por el gobierno.
3. Medicare: Medicare es un programa de seguro médico administrado por el gobierno que brinda cobertura a personas

mayores de 65 años, así como a personas con ciertas discapacidades.

4. Medicaid: Medicaid es un programa de seguro médico administrado por el gobierno que brinda cobertura a personas y familias de bajos ingresos.

El costo de las primas del seguro médico puede variar considerablemente según el plan, el nivel de cobertura y la edad y el estado de salud del asegurado. Algunos planes de seguro médico requieren deducibles, que es la cantidad de dinero que el asegurado debe pagar antes de que comience su cobertura.

Además de las primas y los deducibles, los planes de seguro médico también pueden tener copagos, que son los gastos de bolsillo que el asegurado debe pagar al recibir un servicio médico. Algunos planes también pueden tener coaseguro, que es el porcentaje de los costos médicos que el asegurado debe pagar después de haber cubierto el deducible.

Es importante revisar cuidadosamente los términos y la cobertura de las pólizas de seguro médico para asegurarse de que brinden la protección adecuada contra gastos médicos inesperados.

Seguro de vida

El seguro de vida es un tipo de póliza que brinda protección financiera a sus beneficiarios en caso de fallecimiento del titular. Los beneficiarios pueden ser cualquier persona o entidad nombrada en la póliza, como cónyuge, hijo, socio comercial o entidad benéfica.

Existen dos tipos principales de seguro de vida: seguro de vida a término y seguro de vida permanente.

1. Seguro de vida a término: El seguro de vida a término ofrece cobertura por un período específico, como 10, 20 o 30 años. La póliza paga un beneficio por fallecimiento si el asegurado fallece

durante su vigencia. Las pólizas de seguro de vida a término suelen tener primas más bajas que las pólizas de seguro de vida permanente.

2. Seguro de vida permanente: El seguro de vida permanente ofrece cobertura durante toda la vida del asegurado, siempre que se paguen las primas. Las pólizas de seguro de vida permanente pueden tener un componente de ahorro, que genera valor en efectivo con el tiempo. Estas pólizas también ofrecen la opción de pedir prestado contra el valor en efectivo o retirarlo según sea necesario. Las pólizas de seguro de vida permanente tienen primas más altas que las pólizas de seguro de vida a término.

El costo de las primas del seguro de vida puede variar según varios factores, como la edad, la salud y los hábitos de vida del asegurado, así como el tipo y la cantidad de cobertura deseada.

Las pólizas de seguro de vida pueden ofrecer diversos beneficios, entre ellos:

1. Reemplazo de ingresos: El seguro de vida puede brindar apoyo financiero a la familia o dependientes del asegurado en caso de fallecimiento. Esto puede ayudar a compensar la pérdida de ingresos y cubrir gastos como el pago de la hipoteca, los costos educativos y los gastos diarios.

2. Planificación Patrimonial: El seguro de vida puede utilizarse como herramienta para la planificación patrimonial, proporcionando fondos para pagar los impuestos sucesorios y otros costos asociados con la transferencia de activos a los beneficiarios.

3. Planificación de la Sucesión Empresarial: El seguro de vida puede utilizarse para financiar acuerdos de compraventa para propietarios de negocios, lo que permite transferir la propiedad de un negocio en caso de fallecimiento del propietario.

Es importante considerar cuidadosamente el tipo y el monto de la cobertura de seguro de vida necesaria para brindar una protección financiera adecuada a los beneficiarios del asegurado.

Seguro de Auto

El seguro de auto es un tipo de póliza que brinda protección financiera contra daños o lesiones resultantes de un accidente automovilístico. Las pólizas de seguro de auto también pueden brindar cobertura por robo, vandalismo y otros tipos de daños a un vehículo.

Existen varios tipos de cobertura de seguro de auto, incluyendo:

1. Cobertura de Responsabilidad Civil: La cobertura de responsabilidad civil es obligatoria por ley en la mayoría de los estados y brinda protección si el asegurado es declarado culpable de un accidente que cause daños o lesiones a otra persona o a su propiedad.
2. Cobertura de Colisión: La cobertura de colisión protege al vehículo del asegurado por daños derivados de una colisión con otro vehículo u objeto, independientemente de quién sea el responsable.
3. Cobertura Integral: La cobertura integral protege al vehículo del asegurado por daños derivados de eventos no relacionados con una colisión, como robo, vandalismo o desastres naturales.
4. Protección contra Lesiones Personales (PIP): La cobertura PIP cubre gastos médicos y pérdida de ingresos derivados de lesiones

sufridas en un accidente automovilístico, independientemente de quién sea el responsable.

5. Cobertura para Conductores Sin Seguro o con Seguro Insuficiente: La cobertura para conductores sin seguro o con seguro insuficiente protege al asegurado si se ve involucrado en un accidente con un conductor sin seguro o con un seguro insuficiente para cubrir los daños.

El costo de las primas del seguro de auto puede variar según varios factores, como la edad, el sexo, el historial de conducción, la ubicación y el tipo y valor del vehículo asegurado.

Es importante revisar cuidadosamente los términos y la cobertura de las pólizas de seguro de auto para asegurarse de que brinden la protección adecuada contra daños o lesiones inesperados resultantes de accidentes automovilísticos. Muchos estados exigen que los conductores tengan una cobertura mínima de responsabilidad civil, pero podría ser necesario adquirir cobertura adicional según el nivel de riesgo y el valor del vehículo asegurado.

Accidentes Automovilísticos

Los accidentes automovilísticos pueden tener diversas consecuencias negativas, tanto para las personas involucradas como para la sociedad en general. Algunos de los posibles riesgos de un accidente automovilístico incluyen:

1. Lesiones físicas: Los accidentes pueden resultar en lesiones físicas graves, como fracturas, traumatismos craneoencefálicos e incluso la muerte.

2. Trauma psicológico: Los accidentes también pueden causar trauma psicológico, como ansiedad, depresión y trastorno de estrés postraumático (TEPT).

3. Costos financieros: Los accidentes pueden ser costosos, con costos de tratamiento médico, reparaciones de vehículos y gastos legales.

4. Pérdida de ingresos: Las personas involucradas en accidentes pueden quedar incapacitadas para trabajar, lo que resulta en pérdida de ingresos y estrés financiero. Aumento de las primas de seguro: Los accidentes pueden resultar en primas de seguro más altas, lo que puede representar una carga financiera significativa.

5. Implicaciones legales: Los accidentes pueden dar lugar a procedimientos legales, como demandas, que pueden ser largos y estresantes.

6. Impacto social: Los accidentes también pueden tener un impacto social más amplio, ya que pueden interrumpir el tráfico, causar retrasos y provocar cierres de carreteras.

En general, los accidentes automovilísticos pueden tener consecuencias graves y de gran alcance, por lo que es importante tomar medidas.

Los accidentes automovilísticos pueden ser muy costosos, con una variedad de gastos financieros que pueden acumularse rápidamente. Algunos de los costos financieros de un accidente automovilístico incluyen:

1. Gastos médicos: Si las personas resultan lesionadas en un accidente, podrían requerir tratamiento médico, incluyendo visitas

a urgencias, hospitalizaciones y rehabilitación. Estos gastos pueden ser considerables, especialmente si requieren cuidados a largo plazo.

2. Reparaciones del vehículo: Los vehículos involucrados en accidentes probablemente requerirán reparaciones, las cuales pueden ser costosas, dependiendo de la magnitud de los daños.

3. Costos del seguro: Los accidentes pueden resultar en primas de seguro más altas, y las personas también podrían ser responsables de deducibles y copagos.

4. Gastos legales: Si un accidente resulta en procedimientos legales, como una demanda, las personas pueden incurrir en gastos legales significativos, incluyendo costas judiciales, honorarios de abogados y costos de conciliación.

5. Pérdida de ingresos: Si las personas no pueden trabajar como resultado de un accidente, pueden experimentar pérdida de ingresos y estrés financiero.

6. Disminución del valor de la propiedad: Si un vehículo sufre un accidente y es reparado, su valor puede disminuir, lo que resulta en una pérdida financiera.

En general, los costos financieros de un accidente automovilístico pueden ser considerables, y es importante que las personas consideren estos costos potenciales al tomar decisiones sobre la conducción, el seguro y la seguridad.

Ciertas ubicaciones pueden ser más propensas a accidentes automovilísticos por diversas razones, entre ellas:

1. Zonas urbanas: Las zonas urbanas suelen tener mayor volumen de tráfico y congestión, lo que puede aumentar el riesgo de accidentes.

2. Autopistas e interestatales: Las autopistas e interestatales pueden ser más peligrosas que otras carreteras debido a las altas velocidades y la visibilidad limitada.

3. Carreteras rurales: Las carreteras rurales pueden ser más propensas a accidentes debido a factores como carriles estrechos, curvas y visibilidad limitada.

4. Zonas de construcción: Las zonas de construcción suelen tener cierres de carriles, desvíos y otras alteraciones en el flujo normal de tráfico que pueden aumentar el riesgo de accidentes.

5. Zonas escolares: Las zonas escolares suelen estar concurridas durante las horas de entrada y salida, con mayor afluencia de niños y peatones, lo que puede aumentar el riesgo de accidentes.

6. Zonas con carreteras en mal estado: Las carreteras en mal estado, como las que tienen baches o poca señalización, pueden ser más peligrosas y propensas a accidentes.

Es importante tener en cuenta estos y otros factores al conducir y adaptar su forma de conducir en consecuencia para minimizar el riesgo de accidentes. Las prácticas de conducción segura, como obedecer las normas de tránsito, evitar distracciones y mantenerse alerta, también son fundamentales para reducir el riesgo de accidentes, independientemente del lugar donde conduzca.

Seguridad Automovilística

La seguridad automovilística se refiere a las medidas y tecnologías diseñadas para prevenir o reducir la gravedad de las lesiones en caso de un accidente automovilístico. A continuación, se presentan algunos elementos clave de la seguridad automovilística:

1. Diseño del vehículo: El diseño del vehículo desempeña un papel fundamental en la seguridad del automóvil. Los vehículos modernos están diseñados para reducir el riesgo de lesiones durante un choque, con características como estructuras reforzadas, zonas de deformación y bolsas de aire.
2. Cinturones de seguridad: Los cinturones de seguridad son una de las maneras más efectivas de prevenir lesiones en caso de accidente. Ayudan a mantener a las personas en su lugar y reducen el riesgo de lesiones graves o la muerte.
3. Asientos de seguridad para niños: Los asientos de seguridad para niños están diseñados para proteger a los niños durante los viajes en coche. Suelen ser obligatorios por ley para niños menores de cierta edad o peso.
4. Bolsas de aire: Las bolsas de aire están diseñadas para proteger a las personas durante un choque, desplegándose de forma que ayudan a absorber la fuerza del impacto.
5. Control electrónico de estabilidad (ESC): El ESC es una tecnología que ayuda a los conductores a mantener el control de sus vehículos durante maniobras repentinas, como virajes bruscos para evitar una colisión.

6. Sistemas avanzados de asistencia al conductor (ADAS): Los ADAS son tecnologías que ayudan a los conductores a evitar accidentes, como los sistemas de advertencia de cambio de carril, la detección de puntos ciegos y el frenado automático de emergencia.
7. Prácticas de conducción segura: Las prácticas de conducción segura, como obedecer las normas de tránsito, evitar distracciones y usar el cinturón de seguridad, son esenciales para reducir el riesgo de accidentes.

En general, la seguridad vial es un campo complejo y multifacético, que abarca desde el diseño del vehículo hasta los hábitos de conducción individuales. Al adoptar un enfoque integral de la seguridad vial, podemos reducir la cantidad y la gravedad de los accidentes en nuestras carreteras.

Los hábitos de conducción seguros son comportamientos y acciones que pueden ayudar a reducir el riesgo de accidentes y lesiones automovilísticas. A continuación, se presentan algunos ejemplos de hábitos de conducción seguros:

1. Obedezca las leyes de tránsito: Respetar las leyes de tránsito, como los límites de velocidad y las señales de alto, es fundamental para mantener las carreteras seguras y ordenadas.
2. Evite las distracciones: Conducir distraído es una de las principales causas de accidentes. Para evitar distracciones, los conductores deben evitar actividades como enviar mensajes de texto, comer o usar el GPS mientras conducen.
3. Use el cinturón de seguridad: El cinturón de seguridad es una de las maneras más efectivas de prevenir lesiones en caso de

accidente. Es importante usarlos en todo momento al conducir o viajar en un vehículo.

4. Mantenga una distancia de seguridad: Mantener una distancia de seguridad detrás del vehículo que va delante le dará más tiempo para reaccionar en caso de una frenada inesperada.
5. Manténgase alerta y bien descansado: Conducir con sueño o fatiga puede ser extremadamente peligroso. Los conductores deben descansar lo suficiente antes de conducir y evitar conducir cuando tengan sueño.
6. Evite la conducción agresiva: Conducir agresivamente, como seguir de cerca a otros conductores, cortar el paso a otros y exceder la velocidad, puede aumentar el riesgo de accidentes.
7. Manténgase concentrado: Evite distracciones como jugar con la radio o hablar con los pasajeros. Concéntrese en la carretera y su entorno para garantizar un viaje seguro y placentero.
8. Adapte su conducción al clima y las condiciones de la carretera: Las condiciones climáticas adversas, como la lluvia, la nieve y la niebla, pueden dificultar la conducción. Es importante adaptar su conducción a las condiciones, como reducir la velocidad y aumentar la distancia de seguridad.

Al adoptar hábitos de conducción seguros, las personas pueden ayudar a reducir el riesgo de accidentes y a disfrutar de una experiencia de conducción segura y placentera.

La fiabilidad de un coche puede variar considerablemente en función de diversos factores, como la marca, el modelo y el año del vehículo, así como de los hábitos de conducción y el mantenimiento del propietario. Dicho esto, a continuación, se presentan algunas marcas y tipos de coches que se caracterizan por su fiabilidad:

1. Marcas japonesas: Marcas japonesas como Honda, Toyota y Mazda son conocidas por su fiabilidad y durabilidad.
2. Marcas alemanas: Marcas alemanas como Mercedes-Benz, BMW y Audi también son conocidas por su fiabilidad, aunque pueden tener un coste de propiedad más elevado debido a sus características de lujo.
3. Vehículos eléctricos e híbridos: Los vehículos eléctricos e híbridos, como el Tesla Model 3 y el Toyota Prius, tienen relativamente pocas piezas móviles y pueden ser más fiables que los vehículos tradicionales de gasolina.
4. Subaru: Subaru es una marca reconocida por sus vehículos con tracción total, que pueden ser fiables en diversas condiciones climáticas.
5. Kia y Hyundai: Kia y Hyundai han mejorado su confiabilidad en los últimos años y ahora ofrecen una variedad de vehículos con una excelente reputación por su durabilidad y longevidad.

Es importante tener en cuenta que la confiabilidad no siempre es una garantía y puede verse influenciada por diversos factores, como el mantenimiento y el uso. Antes de comprar un vehículo, se recomienda investigar la marca y el modelo, leer reseñas y considerar realizar una inspección previa a la compra para evaluar su estado general.

Seguro de Vivienda

El seguro de vivienda es un tipo de póliza que brinda protección financiera a los propietarios contra daños o pérdidas a su vivienda y bienes personales. Las pólizas de seguro de vivienda suelen cubrir diversos riesgos, como daños causados por incendios, robos, vandalismo y fenómenos meteorológicos como huracanes, tornados y granizadas. Una póliza de seguro de vivienda estándar incluye varios tipos de cobertura, entre ellos:

1. Cobertura de Vivienda: La cobertura de vivienda protege la estructura de la vivienda, incluyendo los cimientos, las paredes, el techo y otras estructuras anexas, como garajes o cobertizos.
2. Cobertura de Bienes Personales: La cobertura de bienes personales protege las pertenencias del asegurado, como muebles, ropa y aparatos electrónicos.
3. Cobertura de Responsabilidad Civil: La cobertura de responsabilidad civil protege si alguien resulta herido en la propiedad del asegurado o si este causa daños a la propiedad de otra persona.
4. Cobertura de Gastos de Vida Adicionales: La cobertura de gastos de vida adicionales cubre los gastos incurridos si la vivienda del asegurado sufre daños y se ve obligado a desplazarse temporalmente, como gastos de hotel o de alquiler.

El costo de las primas del seguro de vivienda puede variar según varios factores, como la ubicación y el valor de la vivienda, el nivel de cobertura deseado y el historial de reclamaciones del asegurado.

Es importante revisar cuidadosamente los términos y la cobertura de las pólizas de seguro de vivienda para asegurarse de que brinden la protección adecuada contra daños o pérdidas inesperadas en la vivienda y los bienes personales. Podría ser necesario adquirir cobertura adicional según el nivel de riesgo y el valor de la vivienda y los bienes personales.

Seguro de viaje

El seguro de viaje es un tipo de póliza que brinda protección financiera ante imprevistos que puedan ocurrir durante un viaje. Puede cubrir diversas situaciones, como emergencias médicas, cancelación o interrupción de viaje, pérdida o robo de equipaje y accidentes relacionados con el viaje.

Una póliza de seguro de viaje incluye varios tipos de cobertura, entre ellos:

1. Cobertura de cancelación/interrupción de viaje: La cobertura de cancelación/interrupción de viaje brinda protección si el asegurado tiene que cancelar o interrumpir su viaje debido a imprevistos, como una enfermedad o lesión, desastres naturales o huelgas de aerolíneas.
2. Cobertura Médica: Esta cobertura brinda protección ante emergencias médicas que ocurran durante el viaje, incluyendo atención médica y dental de emergencia, hospitalización y evacuación médica.
3. Cobertura de Evacuación: Esta cobertura brinda protección si el asegurado necesita ser evacuado de un lugar remoto o peligroso debido a una lesión o enfermedad.
4. Cobertura de Equipaje: Esta cobertura brinda protección en caso de pérdida, robo o daños en el equipaje, así como reembolso por artículos necesarios en caso de retraso.
5. Cobertura por Muerte Accidental y Desmembramiento: Esta cobertura brinda protección ante lesiones o fallecimientos a causa de accidentes relacionados con viajes. El costo de las primas de un seguro de viaje puede variar según diversos factores, como el nivel de cobertura deseado, la duración y el destino del viaje, y la edad y el estado de salud del asegurado.

Es importante revisar cuidadosamente los términos y la cobertura de las pólizas de seguro de viaje para asegurarse de que brinden la protección adecuada ante imprevistos que puedan ocurrir durante el viaje. Podría ser necesario contratar cobertura adicional según el nivel de riesgo y el tipo de actividades de viaje planeadas.

Seguridad de Responsabilidad Civil

El seguro de responsabilidad civil es un tipo de póliza que brinda protección financiera contra demandas y gastos legales derivados de lesiones o daños causados por el asegurado. El seguro de responsabilidad civil puede brindar cobertura para diversas situaciones, como accidentes, lesiones, daños a la propiedad y demandas.

Existen varios tipos de cobertura de seguro de responsabilidad civil, entre ellos:

1. Seguro de Responsabilidad Civil General: El seguro de responsabilidad civil general brinda protección a las empresas contra demandas por lesiones corporales, daños a la propiedad y perjuicios publicitarios. Este tipo de cobertura suele ser obligatoria para las empresas que operan en espacios públicos o interactúan con los clientes.
2. Seguro de Responsabilidad Civil Profesional: El seguro de responsabilidad civil profesional, también conocido como seguro de errores y omisiones, protege a los profesionales contra demandas por negligencia o mala praxis.
3. Seguro de Responsabilidad Civil por Productos: El seguro de responsabilidad civil por productos protege a las empresas contra demandas por lesiones o daños causados por los productos que fabrican o venden.
4. Seguro de Responsabilidad Civil General: El seguro de responsabilidad civil general ofrece cobertura adicional que va más allá de los límites de otras pólizas de seguro de responsabilidad civil. Este tipo de cobertura puede ayudar a proteger contra demandas importantes o catástrofes.

El costo de las primas del seguro de responsabilidad civil puede variar según varios factores, como el nivel de cobertura deseado, el tipo de negocio o profesión y el nivel de riesgo asociado a las actividades del asegurado.

Es importante revisar cuidadosamente los términos y la cobertura de las pólizas de seguro de responsabilidad civil para asegurarse de que brinden la protección adecuada contra demandas y gastos legales inesperados. Podría ser necesario contratar una cobertura adicional según el nivel de riesgo y el tipo de actividades o productos involucrados.

Parte 2: Atención Médica

La atención médica se refiere al mantenimiento o la mejora del bienestar físico, mental y emocional de una persona. Abarca una amplia gama de actividades, servicios y profesionales destinados a prevenir, diagnosticar, tratar y controlar enfermedades, lesiones y otras afecciones relacionadas con la salud.

La atención médica incluye diversos servicios e instalaciones, como hospitales, clínicas, laboratorios médicos, farmacias y centros de rehabilitación, entre otros. Los profesionales de la salud también son componentes esenciales del sistema de salud y desempeñan diversas funciones según su especialidad y formación. Entre ellos se incluyen médicos, enfermeros, farmacéuticos, fisioterapeutas y terapeutas ocupacionales, entre otros.

El sistema de salud también incluye diversas tecnologías, equipos y procedimientos médicos utilizados para diagnosticar y tratar afecciones, como radiografías, resonancias magnéticas, procedimientos quirúrgicos y medicamentos recetados.

En general, la atención médica es un campo complejo y multifacético que implica la colaboración de diversas partes interesadas, como proveedores de atención médica, pacientes, legisladores, aseguradoras e investigadores, entre otros, para garantizar los mejores resultados posibles para la salud de las personas y las comunidades. Si bien la atención médica es esencial para mantener una buena salud y tratar enfermedades, también existen algunos inconvenientes asociados con la necesidad de atención médica. Algunos de estos inconvenientes incluyen:

1. Costo: Uno de los mayores desafíos asociados con la atención médica es el costo. La atención médica puede ser muy cara y muchas personas podrían no poder costear la atención que necesitan.Esto puede llevar a que las personas retrasen o eviten el tratamiento médico necesario, lo que puede empeorar su condición y derivar en problemas de salud más graves.
2. Acceso: Incluso si las personas pueden costear la atención médica, es posible que no tengan acceso a ella. Esto puede

deberse a factores como la ubicación geográfica, la falta de cobertura médica o la escasez de profesionales de la salud en su zona. La falta de acceso a la atención médica puede provocar retrasos en el diagnóstico y el tratamiento, lo que puede resultar en malos resultados de salud.

3. Calidad: Otro problema de la atención médica es la calidad que reciben las personas. No todos los profesionales o centros de salud brindan el mismo nivel de atención, y los pacientes pueden recibir un tratamiento deficiente o inadecuado. Esto puede provocar resultados adversos para la salud y una falta de confianza en el sistema de salud.
4. Diagnóstico erróneo: En algunos casos, los pacientes pueden recibir un diagnóstico erróneo por parte de los profesionales de la salud, lo que resulta en tratamientos innecesarios o retrasos en la recepción del diagnóstico y tratamiento correctos. Un diagnóstico erróneo también puede provocar un empeoramiento de la condición del paciente y requerir intervenciones médicas adicionales.
5. Efectos secundarios: Finalmente, algunos tratamientos y medicamentos pueden tener efectos secundarios que pueden ser difíciles de controlar o causar problemas de salud adicionales. Es posible que los pacientes deban sopesar cuidadosamente los beneficios y riesgos del tratamiento y colaborar estrechamente con su profesional de la salud para controlar cualquier efecto secundario.

En general, si bien la atención médica es fundamental para mantener una buena salud, es esencial conocer los posibles inconvenientes y trabajar para abordarlos y garantizar los mejores resultados posibles para los pacientes.

La atención médica ofrece numerosos beneficios a las personas y a las comunidades. Algunos de los principales beneficios incluyen:

1. Prevención de enfermedades: La atención médica permite a las personas recibir atención preventiva, como vacunas, chequeos

regulares y pruebas de detección de enfermedades, lo que puede ayudar a prevenir enfermedades antes de que ocurran.

2. Tratamiento de enfermedades: La atención médica también permite a las personas recibir tratamiento para enfermedades agudas y crónicas, como infecciones, lesiones y afecciones crónicas como la diabetes y las enfermedades cardíacas. La detección y el tratamiento tempranos de las enfermedades pueden mejorar los resultados y prevenir complicaciones.
3. Mejorar la calidad de vida: El acceso a la atención médica y a los tratamientos médicos puede mejorar la calidad de vida de las personas al reducir el dolor, controlar los síntomas y mejorar el funcionamiento físico y mental. Aumento de la esperanza de vida: Los avances en la atención médica, como los tratamientos y las tecnologías médicas, han aumentado significativamente la esperanza de vida a nivel mundial. Las personas viven más tiempo y con mejor salud gracias al acceso a la atención médica.
4. Impulso a la economía: La atención médica contribuye significativamente a la economía, brindando oportunidades de empleo y contribuyendo al crecimiento económico. El acceso a la atención médica también puede reducir las pérdidas de productividad causadas por enfermedades, manteniendo a las personas sanas y con capacidad para trabajar.
5. Reducción de las disparidades en la atención médica: La atención médica puede ayudar a reducir las disparidades en los resultados de salud entre diferentes poblaciones. El acceso a la atención médica, la atención preventiva y el tratamiento pueden ayudar a abordar las desigualdades en los resultados de salud.

En general, la atención médica es un componente crucial de una sociedad sana y próspera. Proporciona numerosos beneficios a las personas y las comunidades, como la prevención y el tratamiento de enfermedades, la mejora de la calidad de vida, el aumento de la esperanza de vida, el impulso a la economía y la reducción de las disparidades en la atención médica.

Ahorrar para la atención médica puede ser un aspecto esencial de la planificación financiera. Los costos de la atención médica pueden ser significativos, y los gastos médicos inesperados pueden agotar rápidamente los ahorros si no se planifican adecuadamente. Aquí tienes algunos consejos para ahorrar para la atención médica:

1. Crea un presupuesto: Empieza por crear un presupuesto para controlar tus ingresos y gastos. Esto te ayudará a identificar áreas en las que puedes recortar gastos y así liberar dinero para ahorrar en atención médica.
2. Abre una cuenta de ahorros para la atención médica: Considera abrir una cuenta de ahorros para la atención médica (HSA) si cumples los requisitos. Una HSA es una cuenta con ventajas fiscales que te permite ahorrar dinero para gastos médicos, y los fondos de la cuenta se pueden usar libres de impuestos para gastos médicos que califiquen.
3. Contribuye a una cuenta de gastos flexibles: Si tu empleador ofrece una cuenta de gastos flexibles (FSA), considera contribuir. Las FSA son otra cuenta con ventajas fiscales que te permite ahorrar dinero para gastos médicos.
4. Calcula los costos de atención médica: Calcula tus costos de atención médica para el año en función de tus necesidades actuales y posibles gastos futuros. Esto te ayudará a determinar cuánto necesitas ahorrar.

5. Considera la cobertura del seguro: Asegúrate de tener una cobertura de seguro adecuada para protegerte de gastos médicos inesperados. Revise su póliza de seguro y asegúrese de comprender su cobertura y cualquier gasto de bolsillo que pueda tener que asumir.
6. Use cupones y descuentos: Busque cupones y descuentos para servicios médicos y recetas para reducir sus gastos de bolsillo.
7. Lleve un estilo de vida saludable: Llevar un estilo de vida saludable puede ayudar a reducir los costos de atención médica al prevenir o controlar enfermedades crónicas. Siga una dieta saludable, haga ejercicio regularmente y practique técnicas para reducir el estrés para promover la salud y el bienestar general.

Siguiendo estos consejos, puede ahorrar para la atención médica y estar mejor preparado para gastos médicos inesperados.

Existen muchas situaciones en las que una persona puede necesitar atención médica, incluyendo:

1. Atención preventiva: La atención preventiva es esencial para mantener una buena salud y prevenir enfermedades. Los chequeos médicos regulares, las vacunas y las pruebas de detección de enfermedades pueden ayudar a detectar problemas de salud a tiempo y evitar que se agraven.
2. Enfermedades agudas: Las enfermedades agudas, como resfriados, gripe e infecciones, pueden requerir atención médica. Síntomas como fiebre, tos persistente o dolor intenso deben motivar una visita a un profesional de la salud.
3. Enfermedades crónicas: Las enfermedades crónicas, como la diabetes, las enfermedades cardíacas y el asma, requieren un control médico continuo. Las citas médicas regulares, el monitoreo y la administración de medicamentos son

fundamentales para controlar las enfermedades crónicas y prevenir complicaciones.

4. Lesiones: Las lesiones, como fracturas, cortes y quemaduras, pueden requerir atención médica, incluyendo radiografías, puntos de sutura y medicamentos para controlar el dolor y prevenir infecciones.
5. Problemas de salud mental: Los problemas de salud mental, como la depresión, la ansiedad y el abuso de sustancias, requieren atención médica. El tratamiento de salud mental puede incluir terapia, medicamentos o una combinación de ambos.
6. Salud femenina: Las mujeres pueden requerir atención médica para problemas de salud reproductiva, como problemas menstruales, embarazo y menopausia. Los exámenes ginecológicos regulares y las pruebas de detección de cáncer de mama y de cuello uterino también son esenciales para la salud femenina.
7. Salud infantil: Los niños pueden requerir atención médica para chequeos de rutina, vacunas y el manejo de enfermedades agudas, como infecciones de oído o asma. Los niños con enfermedades crónicas, como diabetes o trastornos del desarrollo, también requieren atención médica continua.

En general, existen muchas situaciones en las que una persona puede necesitar atención médica, desde atención preventiva rutinaria hasta el manejo de enfermedades agudas y crónicas. Es fundamental buscar atención médica cuando sea necesario para mantener una buena salud y evitar que los problemas de salud se agraven. Los costos de la atención médica en EE. UU. pueden variar considerablemente según el tipo de servicio médico necesario, la ubicación y el proveedor. En general, los costos de la atención médica en EE. UU. tienden a ser más altos que en otros países desarrollados.

Según un estudio realizado en 2020 por el Commonwealth Fund, el gasto promedio anual en atención médica por persona en EE. UU. fue de $11,072 en 2018, significativamente mayor que el gasto promedio en otros países desarrollados. En comparación, el gasto per cápita en atención médica en Canadá fue de $5,689, mientras que en el Reino Unido fue de $4,192.

El costo de los servicios de atención médica puede variar considerablemente según el tipo de servicio. Por ejemplo, un chequeo de rutina puede costar unos pocos cientos de dólares, mientras que la hospitalización por una enfermedad o lesión grave puede costar decenas o incluso cientos de miles de dólares. Los medicamentos recetados también pueden ser costosos; algunos medicamentos especializados cuestan miles de dólares al mes.

El costo de la atención médica en EE. UU. representa una carga significativa para muchas personas y familias, especialmente para quienes no tienen seguro médico o tienen un seguro insuficiente. Es esencial considerar los costos de atención médica al planificar las finanzas personales y buscar opciones de atención médica asequibles.

Parte 3: Beneficios del VA

Los beneficios del VA se refieren a la gama de beneficios que ofrece el Departamento de Asuntos de Veteranos de los Estados Unidos (VA) a los veteranos elegibles y a sus familias. Estos beneficios están diseñados para apoyar a los veteranos en diversas áreas, como atención médica, educación, vivienda, compensación por discapacidad y pensiones.

Estos son algunos de los beneficios clave del VA disponibles para los veteranos elegibles:

1. Beneficios de atención médica: El programa de atención médica del VA proporciona atención médica integral, que incluye atención primaria, atención especializada y servicios de salud mental. Los veteranos pueden acceder a los centros de atención médica del VA o recibir atención a través de proveedores comunitarios.
2. Compensación por discapacidad: Los veteranos que sufrieron lesiones o enfermedades durante el servicio activo pueden ser elegibles para la compensación por discapacidad. Este beneficio proporciona pagos mensuales libres de impuestos a los veteranos con discapacidades derivadas del servicio militar.
3. Educación y capacitación: Los beneficios educativos del VA incluyen la Ley Post-9/11 GI, que financia la matrícula, la vivienda y otros gastos relacionados con la educación. El VA también ofrece servicios de rehabilitación vocacional y empleo para ayudar a los veteranos en la transición a carreras civiles.
   Préstamos hipotecarios: Los beneficios de préstamos hipotecarios del VA brindan a los veteranos la oportunidad de comprar, construir o mejorar una vivienda con un pago inicial mínimo o

nulo. El VA también brinda apoyo para ayudar a los veteranos a evitar la ejecución hipotecaria y conservar sus viviendas.

4. Beneficios de pensión: El VA ofrece beneficios de pensión a los veteranos elegibles mayores de 65 años o con una discapacidad permanente y total no relacionada con su servicio militar.

Estos son solo algunos ejemplos de los beneficios del VA disponibles para los veteranos y sus familias. Los criterios de elegibilidad para estos beneficios pueden variar según el historial de servicio del veterano, su estado de discapacidad y otros factores.

El proceso para solicitar beneficios del VA puede variar según el tipo de beneficio que busque. Sin embargo, los siguientes pasos pueden ayudarle a comenzar:

1. Determine su elegibilidad: Visite el sitio web del VA o llame al VA para determinar su elegibilidad para los beneficios del VA. Los requisitos de elegibilidad pueden variar según el beneficio que busque, por lo que es importante verificar que califica. Reúna los documentos necesarios: Para solicitar los beneficios del VA, deberá proporcionar documentación como su baja militar (DD-214), historial médico e información financiera.
2. Elija su beneficio del VA: Una vez que sepa a qué beneficios del VA podría ser elegible, decida cuál desea solicitar.
3. Complete y envíe su solicitud: Puede solicitar los beneficios del VA en línea a través del sitio web del VA o completando una solicitud impresa y enviándola por correo. Asegúrese de incluir toda la documentación necesaria con su solicitud.
4. Dé seguimiento a su solicitud: Después de enviar su solicitud, puede consultar el estado de la misma en línea o llamando al VA. El VA podría solicitar información o documentación adicional

para procesar su solicitud, por lo que es importante responder con prontitud a cualquier solicitud.

5. Asista a las citas o exámenes requeridos: Dependiendo del beneficio que busque, es posible que deba asistir a citas o exámenes para verificar su elegibilidad. Asegúrese de asistir a todas las citas programadas y proporcionar la información solicitada para evitar retrasos en el procesamiento de su solicitud.

En general, solicitar los beneficios del VA puede ser un proceso complejo y largo. Es importante ser paciente, perseverante y minucioso al solicitar los beneficios del VA para asegurarse de recibir los que le corresponden.

Los beneficios del VA ofrecen una variedad de beneficios importantes a los veteranos elegibles y a sus familias. Estos son algunos de los beneficios clave:

1. Atención médica: La atención médica del VA brinda a los veteranos acceso a atención médica de alta calidad a bajo costo o sin costo alguno. Esto incluye atención primaria, atención especializada, servicios de salud mental y medicamentos recetados. Los veteranos pueden recibir atención en centros del VA o a través de proveedores comunitarios, según su elegibilidad.
2. Compensación por discapacidad: La compensación por discapacidad del VA proporciona pagos mensuales libres de impuestos a los veteranos que sufrieron lesiones o enfermedades como resultado de su servicio militar. Este beneficio puede ayudar a los veteranos a cubrir los costos de vivir con una discapacidad, como gastos médicos, vivienda y transporte.
3. Educación y capacitación: Los beneficios educativos del VA pueden ayudar a los veteranos a alcanzar sus metas educativas y profesionales. La Ley Post-9/11 GI Bill financia la matrícula, la

vivienda y otros gastos relacionados con la educación. El VA también ofrece servicios de rehabilitación vocacional y empleo para ayudar a los veteranos en la transición a carreras civiles.

4. Préstamos hipotecarios: Los beneficios de préstamos hipotecarios del VA brindan a los veteranos la oportunidad de comprar, construir o mejorar una vivienda con un pago inicial mínimo o nulo. El VA también brinda apoyo para ayudar a los veteranos a evitar la ejecución hipotecaria y conservar sus viviendas.
5. Beneficios de pensión: El VA ofrece beneficios de pensión a los veteranos elegibles que tengan 65 años o más, o que tengan una discapacidad permanente y total que no esté relacionada con su servicio militar.
6. Servicios de Consejería y Apoyo: El Departamento de Asuntos de Veteranos (VA) ofrece una variedad de servicios de consejería y apoyo para ayudar a los veteranos y sus familias a afrontar los desafíos del servicio militar. Esto incluye consejería de salud mental, consejería para el duelo y apoyo para sobrevivientes de trauma sexual militar.

En general, los beneficios del VA pueden brindar a los veteranos y a sus familias un importante apoyo financiero, médico y educativo. Estos beneficios pueden ayudar a los veteranos a alcanzar sus metas, vivir una vida más cómoda y afrontar los desafíos del servicio militar.

Si bien las prestaciones del VA pueden brindar un apoyo significativo a los veteranos elegibles y a sus familias, también existen algunas posibles desventajas que se deben tener en cuenta. A continuación, se presentan algunos ejemplos:

1. Requisitos de Elegibilidad: Las prestaciones del VA tienen requisitos de elegibilidad estrictos que pueden ser difíciles de comprender. Los veteranos podrían tener que proporcionar documentación extensa para verificar su elegibilidad, y algunas prestaciones tienen criterios específicos relacionados con discapacidades relacionadas con el servicio u otros factores.
2. Tiempos de Solicitud y Procesamiento: Solicitar las prestaciones del VA puede ser un proceso largo, y la decisión sobre su solicitud puede tardar varios meses o incluso años. Las demoras en los tiempos de procesamiento también pueden ser frustrantes, especialmente si depende de las prestaciones para cubrir gastos críticos.
3. Cobertura limitada: Si bien los beneficios del VA pueden brindar un apoyo significativo, puede haber lagunas en la cobertura o limitaciones en los beneficios brindados. Por ejemplo, la atención médica del VA podría no cubrir ciertos procedimientos o tratamientos médicos, y la compensación por discapacidad podría no cubrir completamente todos los gastos relacionados con una discapacidad relacionada con el servicio.
4. Acceso a la atención medica: Si bien la atención médica del VA brinda a los veteranos acceso a atención médica, puede haber largos tiempos de espera para las citas o una disponibilidad limitada de especialistas o servicios. Los veteranos en zonas rurales o con afecciones médicas complejas pueden tener dificultades para acceder a la atención que necesitan.
5. Dependencia de los beneficios del VA: Depender únicamente de los beneficios del VA puede no brindar suficiente apoyo

financiero o médico a los veteranos y sus familias. Es importante que los veteranos exploren otras fuentes de apoyo y planifiquen el futuro para garantizar la estabilidad financiera a largo plazo.

En general, los beneficios del VA pueden brindar un apoyo importante a los veteranos elegibles y a sus familias. Sin embargo, es importante ser consciente de los posibles inconvenientes y planificar en consecuencia para asegurarse de recibir el apoyo que necesita.

La cantidad de dinero que pagan los beneficios del VA puede variar ampliamente según el tipo de beneficio y las circunstancias de la persona. A continuación, se presentan algunos ejemplos de montos de pago típicos para algunos de los tipos más comunes de beneficios del VA:

1. Compensación por discapacidad: Los pagos de compensación por discapacidad del VA están exentos de impuestos y se basan en la gravedad de la discapacidad relacionada con el servicio del veterano. A partir de 2021, el pago mensual para un veterano con una calificación de discapacidad del 100% era de $3,146.42, mientras que para un veterano con una calificación de discapacidad del 10% era de $144.14.
2. Beneficios de pensión: Los beneficios de pensión del VA brindan apoyo financiero a los veteranos elegibles mayores de 65 años o que tienen una discapacidad permanente y total no relacionada con su servicio militar. La pensión anual máxima para un veterano soltero a partir de 2021 era de $13,931, mientras que la pensión anual máxima para un veterano casado era de $18,253.
3. Educación y capacitación: Los beneficios educativos del VA pueden financiar la matrícula, la vivienda y otros gastos relacionados con la educación. La Ley GI Post-9/11 ofrece hasta 36 meses de beneficios, que varían según la antigüedad del veterano y el tipo de educación o capacitación que haya cursado.
4. Préstamos hipotecarios: Los beneficios de préstamos hipotecarios del VA pueden financiar hasta el 100 % de la compra o refinanciación de una vivienda, con límites que varían según el condado. En 2021, el límite de préstamo para la mayoría de los

condados era de $548,250, pero puede ser mayor en zonas con un mayor costo de vida.

Es importante tener en cuenta que estos montos de pago están sujetos a cambios y pueden variar según las circunstancias individuales. Los requisitos de elegibilidad y los montos de pago para los beneficios del VA pueden ser complejos, por lo que se recomienda a los veteranos que hablen con un representante del VA o una organización de servicios para veteranos para obtener más información.

Capítulo 5: Préstamos

Un préstamo es un instrumento financiero que permite a personas u organizaciones obtener dinero prestado de un prestamista o institución financiera. Los préstamos suelen implicar que el prestatario recibe una cantidad específica de dinero, que debe reembolsar al prestamista durante un período predeterminado.

Los préstamos pueden utilizarse para una amplia variedad de fines, como financiar una vivienda, comprar un coche, pagar la matrícula universitaria o financiar un negocio. Los términos del contrato de préstamo suelen incluir detalles sobre la tasa de interés, el cronograma de pago y las comisiones o penalizaciones aplicables.

El interés es el costo de pedir dinero prestado, generalmente expresado como un porcentaje del monto prestado. La tasa de interés de un préstamo se determina por varios factores, como la solvencia del prestatario, la duración del préstamo y las condiciones actuales del mercado.

El cronograma de pago de un préstamo generalmente incluye pagos de capital e intereses. El capital es la cantidad de dinero prestada, mientras que los intereses son el costo de pedir prestado ese dinero. El cronograma de pago puede estructurarse en pagos mensuales o en un pago único al final del plazo del préstamo. Existen varios tipos de préstamos disponibles, incluyendo préstamos con garantía, préstamos sin garantía, préstamos revolventes y préstamos a plazos. Cada tipo de préstamo tiene sus propios requisitos y condiciones, por lo que es importante considerar cuidadosamente las opciones antes de elegir un producto crediticio.

Existen varios tipos de préstamos disponibles, cada uno con sus propias características y requisitos. Estos son algunos de los más comunes:

1. Préstamos con garantía: Los préstamos con garantía requieren que el prestatario proporcione una garantía, como un automóvil o una propiedad, para garantizar el préstamo. Esto proporciona al prestamista cierto nivel de seguridad en caso de impago del préstamo.

2. Préstamos sin garantía: Los préstamos sin garantía no requieren ninguna garantía y generalmente se basan en la solvencia del

prestatario. Estos préstamos pueden ser más difíciles de obtener, pero pueden tener tasas de interés más bajas y condiciones más flexibles.

3. Préstamos revolventes: Los préstamos revolventes son líneas de crédito a las que se puede acceder según sea necesario, hasta un límite de crédito predeterminado. Estos préstamos se suelen utilizar para fines comerciales y pueden ser útiles para gestionar el flujo de caja.
4. Préstamos a plazos: Los préstamos a plazos implican que el prestatario recibe una suma global de dinero, que luego se devuelve en cuotas regulares durante un período determinado. Las hipotecas, los préstamos para automóviles y los préstamos personales son ejemplos de préstamos a plazos.
5. Préstamos de día de pago: Los préstamos de día de pago son préstamos a corto plazo que se suelen utilizar para cubrir gastos inesperados. Estos préstamos suelen tener tasas de interés y comisiones altas, y solo deben utilizarse como último recurso.
6. Préstamos estudiantiles: Los préstamos estudiantiles se utilizan para financiar la educación superior y se presentan en dos tipos principales: préstamos estudiantiles federales y préstamos estudiantiles privados. Los préstamos estudiantiles federales suelen ofrecer tasas de interés más bajas y opciones de pago más flexibles.
7. Préstamos comerciales: Los préstamos comerciales se utilizan para financiar gastos relacionados con la empresa, como iniciar un nuevo negocio, expandir uno existente o comprar equipo. Estos préstamos pueden ser con o sin garantía y pueden requerir un plan de negocios u otra documentación.

Es importante considerar cuidadosamente el tipo de préstamo que mejor se adapte a sus necesidades y comprender a fondo los términos y condiciones del préstamo antes de firmar cualquier acuerdo. Las personas solicitan préstamos por diversas razones, como financiar compras grandes, cubrir gastos inesperados o invertir en su futuro. Estas son algunas de las razones más comunes:

1. Compra de vivienda: Una de las razones más comunes para solicitar préstamos es comprar una casa. Las hipotecas son

préstamos a largo plazo que permiten comprar una casa con pagos a plazos de 15 a 30 años.

2. Compra de automóvil: Otra razón común para solicitar préstamos es comprar un automóvil. Los préstamos para automóviles suelen ser préstamos a plazos con una tasa de interés fija y un plazo de amortización de dos a siete años.
3. Gastos educativos: Muchas personas solicitan préstamos estudiantiles para financiar su educación. Estos préstamos pueden cubrir la matrícula, las cuotas y los gastos de manutención, y suelen ofrecer tasas de interés más bajas que otros tipos de préstamos.
4. Renovaciones del hogar: Los propietarios pueden solicitar préstamos para financiar renovaciones o reparaciones en sus viviendas. Los préstamos con garantía hipotecaria y las líneas de crédito con garantía hipotecaria (HELOC) son tipos comunes de préstamos utilizados para renovaciones del hogar.
5. Consolidación de deudas: Algunas personas solicitan préstamos para consolidar varias deudas en un solo pago más manejable. Los préstamos de consolidación de deudas pueden simplificar el proceso de pago y potencialmente reducir la tasa de interés general.
6. Gastos comerciales: Los emprendedores y propietarios de pequeñas empresas pueden solicitar préstamos para iniciar o expandir sus negocios. Estos préstamos pueden utilizarse para comprar equipo, contratar empleados o cubrir otros gastos relacionados con el negocio.
7. Gastos de emergencia: Finalmente, las personas pueden solicitar préstamos para cubrir gastos inesperados, como facturas médicas, reparaciones del coche o del hogar. En algunos casos, estos préstamos pueden estar disponibles con financiación el mismo día o con plazos de entrega rápidos.

Es importante tener en cuenta que solicitar un préstamo siempre debe considerarse cuidadosamente y planificarse cuidadosamente. Antes de solicitar cualquier préstamo, es fundamental comprender las tasas de interés, los plazos de pago y las comisiones asociadas para asegurarse de que el préstamo sea asequible y la opción adecuada para su situación financiera.

Un puntaje crediticio bajo puede indicar un mayor riesgo de impago para el prestamista. Un puntaje crediticio bajo puede deberse a pagos atrasados, altos niveles de deuda o antecedentes de quiebra o ejecución hipotecaria. Los prestamistas utilizan el puntaje crediticio como uno de los factores para determinar el riesgo de prestar dinero a un prestatario. Si un prestatario tiene un puntaje crediticio bajo, el prestamista puede considerarlo de mayor riesgo y rechazar la solicitud de préstamo u ofrecer un préstamo con tasas de interés más altas. Sin embargo, cabe destacar que los requisitos de puntaje crediticio varían según el prestamista, y algunos pueden estar más dispuestos a trabajar con prestatarios con puntajes crediticios más bajos.

Para solicitar un préstamo, generalmente se requieren los siguientes documentos:

1. Identificación personal: Generalmente se requiere una identificación oficial con foto, como licencia de conducir, pasaporte o documento nacional de identidad, para comprobar su identidad.
2. Comprobante de ingresos: Documentos que comprueben sus ingresos, como recibos de sueldo recientes, formularios W-2 o declaraciones de impuestos.
3. Verificación de empleo: Un documento de su empleador que confirme su situación laboral y salario.
4. Historial crediticio: Los prestamistas utilizan su informe crediticio y su puntaje crediticio para determinar su solvencia, por lo que es posible que deba autorizar al prestamista para acceder a su informe crediticio.
5. Extractos bancarios: Extractos bancarios recientes que muestren el saldo de su cuenta y el historial de transacciones.
6. Documentos de garantía: Si solicita un préstamo con garantía, como un préstamo para un automóvil o un préstamo con garantía hipotecaria, es posible que deba proporcionar documentos que comprueben la propiedad de la garantía.

7. Solicitud de préstamo: El prestamista le pedirá que complete una solicitud de préstamo, que incluirá información sobre el monto del préstamo, las condiciones de pago y el propósito del mismo.

Es importante tener en cuenta que los documentos específicos requeridos pueden variar según el tipo de préstamo y los requisitos del prestamista. Siempre es recomendable consultar con el prestamista con antelación para confirmar sus requisitos.

Costo del Dinero

El costo del dinero es la cantidad de intereses u otras comisiones que un prestatario paga al prestamista a cambio de utilizar los fondos prestados. El costo del dinero puede variar en función de diversos factores, como la situación económica actual, la solvencia del prestatario y el tipo de préstamo o instrumento financiero utilizado.

En general, el costo del dinero se determina por la tasa de interés que cobra un prestamista. Las tasas de interés son fijadas por los bancos centrales y pueden variar con el tiempo, dependiendo del estado de la economía y otros factores. Cuando las tasas de interés son bajas, pedir dinero prestado suele ser más barato, mientras que cuando las tasas de interés son altas, pedir prestado se encarece.

El costo del dinero también puede verse influenciado por la solvencia del prestatario. Los prestatarios con un buen historial crediticio y una puntuación crediticia alta generalmente se consideran menos riesgosos y pueden obtener préstamos con tasas de interés más bajas. Por el contrario, a los prestatarios con un historial crediticio deficiente o una puntuación crediticia baja se les pueden aplicar tasas de interés más altas para compensar el mayor riesgo de impago.

Finalmente, el tipo de préstamo o instrumento financiero utilizado también puede afectar el costo del dinero. Por ejemplo, los préstamos con garantía, que están respaldados por una garantía como una casa o un automóvil, suelen tener tasas de interés más bajas que los préstamos sin garantía, que no cuentan con ninguna garantía. De igual manera, las tarjetas de crédito y otros tipos de crédito revolvente suelen tener tasas de interés más altas que los préstamos a plazos, que se reembolsan en cuotas fijas durante un período determinado.

En general, el costo del dinero es un factor importante para los prestatarios, ya que puede afectar significativamente la asequibilidad y la viabilidad de obtener fondos. Es importante que los prestatarios evalúen cuidadosamente los términos y condiciones de cualquier préstamo o instrumento financiero antes de aceptarlo, para asegurarse de comprender completamente el costo del dinero y poder gestionar su deuda eficazmente. Si bien pedir dinero prestado puede ser una fuente de financiación necesaria para particulares y empresas, el coste del dinero también conlleva varios inconvenientes. Estos son algunos de los más comunes que los prestatarios deben tener en cuenta:

1. Mayor carga de la deuda: El coste del dinero puede generar mayores niveles de deuda, ya que los prestatarios pueden verse tentados a solicitar más préstamos de los que pueden pagar cómodamente. Esto puede resultar en una carga de deuda difícil de gestionar y generar estrés y dificultades financieras.
2. Riesgo de impago: Si los prestatarios no pueden realizar los pagos de sus préstamos a tiempo, pueden correr el riesgo de incumplir sus obligaciones. El impago puede tener graves consecuencias, como el deterioro de su historial crediticio, acciones legales por parte de los prestamistas e incluso la ejecución hipotecaria o la recuperación de activos.
3. Cargos ocultos: Los prestamistas pueden cobrar cargos ocultos o penalizaciones que no se informan por adelantado, lo que resulta en mayores costos generales para los prestatarios. Estos cargos pueden incluir comisiones de apertura, penalizaciones por pago anticipado y otros cargos que pueden acumularse con el tiempo.

4. Tasas de interés variables: Algunos préstamos tienen tasas de interés variables que pueden cambiar con el tiempo, lo que genera incertidumbre y costos potencialmente más altos para los prestatarios. Esto puede dificultar la planificación de los pagos del préstamo y puede resultar en aumentos inesperados en el costo del préstamo.
5. Tasas de interés altas: A los prestatarios con bajo puntaje crediticio o historial crediticio limitado se les pueden cobrar tasas de interés más altas, lo que puede encarecer los préstamos y dificultar su gestión. Esto puede conducir a un ciclo de deuda y dificultades financieras del que puede ser difícil escapar.

En general, es importante que los prestatarios evalúen cuidadosamente los costos y riesgos asociados con los préstamos y tomen decisiones informadas sobre sus necesidades de financiamiento y su capacidad de pago. Al comprender los riesgos del costo del dinero, los prestatarios pueden tomar mejores decisiones financieras y evitar errores costosos.

Cargos Ocultos

Los cargos ocultos son cargos o costos asociados con un préstamo o producto financiero que no se informan claramente al prestatario desde el principio. Estos cargos pueden acumularse rápidamente y aumentar significativamente el costo total del préstamo, por lo que es importante que los prestatarios lean atentamente la letra pequeña y comprendan todos los términos y condiciones de cualquier contrato de préstamo.

Algunos tipos comunes de cargos ocultos que los prestatarios pueden encontrar incluyen:

1. Comisiones de apertura: Son cargos que cobran los prestamistas para cubrir los costos asociados con el procesamiento y la aprobación de una solicitud de préstamo. Las comisiones de

apertura pueden ser un porcentaje del monto del préstamo o una tarifa fija, y es posible que no se informen claramente desde el principio.

2. Multas por pago anticipado: Algunos préstamos pueden incluir multas por liquidar el préstamo anticipadamente o realizar pagos adicionales. Estos cargos pueden acumularse con el tiempo y dificultar que los prestatarios paguen sus préstamos antes de lo previsto.
3. Cargos por mora: Si los prestatarios no realizan los pagos a tiempo, los prestamistas pueden cobrar cargos por mora o multas que pueden aumentar significativamente el costo total del préstamo. Estas comisiones pueden no estar claramente indicadas por adelantado, por lo que es importante que los prestatarios comprendan las consecuencias de no realizar un pago.
4. Comisiones anuales: Algunas tarjetas de crédito y otros productos financieros pueden incluir comisiones anuales que no se indican claramente por adelantado. Estas comisiones pueden acumularse con el tiempo y aumentar el coste total del producto.
5. Tasas de interés ocultas: Algunos préstamos pueden tener tasas de interés variables que pueden cambiar con el tiempo, o incluir comisiones o cargos ocultos que no se indican claramente. Los prestatarios deben leer atentamente los términos y condiciones de cualquier contrato de préstamo para asegurarse de comprender plenamente los costes asociados.

En general, las comisiones ocultas pueden aumentar significativamente el coste del préstamo y dificultar la gestión de la deuda. Es importante que los prestatarios lean y comprendan atentamente todos los términos y condiciones de cualquier préstamo o producto financiero, y que pregunten si algo les resulta confuso o poco claro. Al conocer las comisiones y cargos ocultos, los prestatarios pueden tomar decisiones informadas sobre sus finanzas y evitar sorpresas desagradables en el futuro.

Parte 1: Tipos de Préstamos

Préstamo con Garantía

Un préstamo con garantía es un tipo de préstamo que requiere que el prestatario aporte algún tipo de garantía al prestamista como aval. La garantía puede ser cualquier activo valioso, como una casa, un automóvil, acciones o bonos. En caso de impago del préstamo, el prestamista tiene derecho a embargar la garantía y venderla para recuperar el importe del préstamo.

Los préstamos con garantía se utilizan a menudo para financiar compras grandes, como un automóvil o una casa. Dado que el prestamista cuenta con la garantía de la garantía, generalmente está dispuesto a ofrecer tasas de interés más bajas y condiciones más favorables que con un préstamo sin garantía.

Estos son algunos de los tipos más comunes de préstamos con garantía:

1. Hipotecas: Las hipotecas son préstamos con garantía que se utilizan para comprar una vivienda. La propia vivienda sirve como garantía del préstamo.
2. Préstamos para automóviles: Los préstamos para automóviles son préstamos con garantía que se utilizan para comprar un automóvil. El propio automóvil sirve como garantía del préstamo.
3. Préstamos con garantía hipotecaria: Los préstamos con garantía hipotecaria son préstamos garantizados que permiten a los propietarios obtener un préstamo con el valor líquido de sus viviendas. La vivienda sirve como garantía del préstamo.
4. Préstamos personales garantizados: Algunos prestamistas ofrecen préstamos personales garantizados con garantías, como una cuenta de ahorros o un automóvil.

Los préstamos con garantía pueden ser una buena opción para quienes necesitan solicitar una gran cantidad de dinero y pueden ofrecer una garantía. Sin embargo, es importante recordar que si el prestatario incumple el préstamo, corre el riesgo de perder la garantía. Por lo tanto, es fundamental asegurarse de que el prestatario pueda realizar los pagos del préstamo a tiempo y en su totalidad para evitar el impago.

Préstamos sin garantía

Los préstamos sin garantía son préstamos que no requieren que el prestatario aporte ninguna garantía. En cambio, estos préstamos generalmente se aprueban con base en la solvencia, los ingresos y otros factores financieros del prestatario. Los préstamos sin garantía se suelen utilizar para compras o gastos menores, como reparaciones del hogar, facturas médicas o consolidación de deudas.

Estos son algunos tipos comunes de préstamos sin garantía:

1. Préstamos personales: Los préstamos personales son préstamos sin garantía que pueden utilizarse para diversos fines, como consolidación de deudas, mejoras en el hogar o gastos inesperados. Estos préstamos suelen tener tasas de interés más altas que los préstamos con garantía, pero no requieren ninguna garantía.
2. Tarjetas de crédito: Las tarjetas de crédito son un tipo común de préstamo sin garantía que permite a los prestatarios realizar compras hasta un cierto límite de crédito sin necesidad de proporcionar ninguna garantía. El prestatario debe realizar pagos mensuales mínimos sobre el saldo, y se cobran intereses sobre cualquier saldo pendiente.
3. Préstamos estudiantiles: Los préstamos federales para estudiantes son préstamos sin garantía que se utilizan para financiar la educación superior. Estos préstamos suelen tener tasas de interés más bajas que otros tipos de préstamos y ofrecen opciones de pago flexibles.
4. Líneas de crédito personales: Las líneas de crédito personales son préstamos sin garantía que brindan a los prestatarios acceso a una cantidad fija de fondos que pueden usar según sus necesidades. El prestatario solo paga intereses sobre el monto prestado y puede retirar fondos de la línea de crédito según sea necesario.

Los préstamos sin garantía pueden ser una buena opción para quienes no tienen garantías o no quieren arriesgarse a perder sus activos. Sin embargo, al no tener garantías, suelen tener tasas de interés más altas que los préstamos con garantía. Además, los préstamos sin garantía pueden tener requisitos de elegibilidad más estrictos, como una calificación crediticia o un nivel de ingresos más alto, para calificar.

Préstamos Revolventes

Los préstamos revolventes son un tipo de cuenta de crédito que permite a los prestatarios realizar cargos, liquidarlos y volver a realizarlos. También se les conoce como crédito abierto, ya que no tienen un plazo de pago fijo como los préstamos a plazos. En cambio, el prestatario puede continuar usando la línea de crédito siempre que realice los pagos a tiempo y no exceda su límite de crédito.

Estos son algunos tipos comunes de préstamos revolventes:

1. Tarjetas de crédito: Las tarjetas de crédito son el tipo más común de préstamo revolvente. El prestatario recibe un límite de crédito y puede realizar compras hasta ese límite. Debe realizar pagos mínimos mensuales del saldo pendiente y se cobran intereses sobre cualquier saldo pendiente.

2. Líneas de crédito con garantía hipotecaria (HELOC): Las HELOC son préstamos revolventes que permiten a los propietarios de viviendas obtener un préstamo con el valor líquido de sus viviendas como garantía. El prestatario puede retirar fondos según lo necesite, hasta el límite de crédito, y pagar el saldo a plazos.

3. Líneas de crédito personales: Las líneas de crédito personales son similares a las HELOC, pero no requieren ninguna garantía. El prestatario puede retirar fondos según lo necesite y pagar el saldo a plazos.

4. Líneas de crédito comerciales: Las líneas de crédito comerciales son préstamos revolventes que permiten a los dueños de negocios acceder a fondos según lo necesiten para cubrir gastos o aprovechar oportunidades. El prestatario puede retirar fondos hasta el límite de crédito y pagar el saldo a plazos.

Los préstamos revolventes pueden ser una forma flexible y conveniente de acceder al crédito, pero también pueden ser más costosos que otros tipos de préstamos debido a sus tasas de interés variables. Además, al no tener un plazo de pago fijo, es fácil que los prestatarios se endeuden si no administran sus cuentas con cuidado. Como con cualquier tipo de préstamo, es importante considerar cuidadosamente los términos y condiciones antes de solicitar un préstamo revolvente y asegurarse de tener un plan para pagar el saldo a plazos.

Prestamos a Plazos

Los préstamos a plazos se pagan en un período fijo mediante una serie de pagos regulares o cuotas. Cada cuota incluye capital e intereses, por lo que el saldo del préstamo disminuye con el tiempo a medida que el prestatario realiza los pagos.

Estos son algunos tipos comunes de préstamos a plazos:

1. Préstamos para automóviles: Los préstamos para automóviles son préstamos a plazos que se utilizan para financiar la compra de un automóvil. El prestatario realiza pagos mensuales hasta que el préstamo se paga por completo.

2. Hipotecas: Las hipotecas son préstamos a plazos que se utilizan para financiar la compra de una vivienda. El prestatario realiza pagos mensuales hasta que el préstamo se liquida por completo.

3. Préstamos personales: Los préstamos personales son préstamos a plazos que pueden utilizarse para diversos fines, como consolidación de deudas, mejoras en el hogar o gastos inesperados. El prestatario realiza pagos mensuales hasta que el préstamo se liquida por completo.

4. Préstamos estudiantiles: Son préstamos a plazos que se utilizan para financiar la educación superior. El prestatario realiza pagos mensuales hasta liquidar el préstamo en su totalidad.

Los préstamos a plazos pueden ser una buena opción para quienes necesitan pedir prestado una cantidad mayor y buscan la previsibilidad de pagos mensuales fijos. Dado que el saldo del préstamo disminuye con el tiempo, los prestatarios pueden ver una vía clara para liquidarlo. Además, los préstamos a plazos suelen tener tasas de interés más bajas que los préstamos revolventes, lo que los convierte en una opción más asequible a largo plazo.

Sin embargo, es importante recordar que no realizar pagos o incumplir un préstamo a plazos puede tener graves consecuencias, como afectar su historial crediticio y posibles acciones legales por parte del prestamista. Como con cualquier tipo de préstamo, es importante analizar cuidadosamente los términos y condiciones antes de solicitar un préstamo a plazos y asegurarse de tener un plan para pagarlo a plazos.

Préstamos de día de pago

Los préstamos de día de pago son un tipo de préstamo a corto plazo que se utiliza generalmente para cubrir gastos inesperados o cubrir un hueco entre pagos. Suelen ser montos pequeños, generalmente menos de $500, y deben pagarse en su totalidad antes del siguiente día de pago del prestatario, generalmente en un plazo de dos a cuatro semanas.

Los préstamos de día de pago suelen ser fáciles de obtener, ya que no suelen requerir verificación de crédito y se pueden solicitar en línea o en persona en las tiendas especializadas. Sin embargo, conllevan tasas de interés y comisiones extremadamente altas, lo que puede encarecerlos.

Las tasas de interés de los préstamos de día de pago suelen expresarse en términos de TAE (tasa de porcentaje anual), que puede ser de varios cientos de %. Por ejemplo, un préstamo de día de pago de $100 con un plazo de dos semanas podría tener una TAE del 400 %. Esto significa que si el prestatario no puede pagar el préstamo a tiempo, puede acumular rápidamente comisiones e intereses adicionales, lo que dificulta aún más su devolución.

Debido a sus altas tasas de interés y sus cortos plazos de pago, los préstamos de día de pago pueden ser muy riesgosos. De hecho, muchos estados han promulgado leyes para limitar las tasas de interés y las comisiones que pueden cobrar los prestamistas de día de pago, o incluso prohibirlos por completo.

Si está considerando un préstamo rápido, es importante considerar cuidadosamente los riesgos y explorar otras opciones, como pedir prestado a familiares o amigos, usar una tarjeta de crédito o solicitar un préstamo personal a un banco o cooperativa de crédito. Si decide solicitar un préstamo rápido, asegúrese de comprender los términos y condiciones y de tener un plan para pagarlo a tiempo.

Préstamos Estudiantiles

Los préstamos estudiantiles se utilizan para financiar la educación superior, como la universidad o los estudios de posgrado. Generalmente, los ofrece el gobierno y prestamistas privados, y deben pagarse con intereses.

Existen dos tipos principales de préstamos estudiantiles: préstamos federales para estudiantes y préstamos privados para estudiantes.

1. Préstamos federales para estudiantes: Estos préstamos son ofrecidos por el Departamento de Educación de EE. UU. y están disponibles para estudiantes elegibles y sus padres. Existen varios tipos de préstamos federales para estudiantes, incluyendo los Préstamos Directos con Subsidio, los Préstamos Directos sin Subsidio y los Préstamos PLUS. Las tasas de interés de los préstamos federales para estudiantes suelen ser más bajas que las de los préstamos privados para estudiantes, y los plazos de pago suelen ser más flexibles.
2. Préstamos estudiantiles privados: Estos préstamos son ofrecidos por prestamistas privados, como bancos o cooperativas de crédito. Pueden tener tasas de interés más altas y menos opciones de pago que los préstamos estudiantiles federales, pero pueden ser una opción para quienes no califican para préstamos estudiantiles federales o necesitan pedir prestado más de lo que establecen los límites federales.

Al solicitar préstamos estudiantiles, es importante considerar cuidadosamente los términos y condiciones y pedir prestado solo lo necesario. También debería explorar opciones de becas, subvenciones y programas de estudio y trabajo que puedan ayudar a reducir la cantidad que necesita pedir prestada. También es importante tener un plan para pagar sus préstamos estudiantiles después de graduarse, ya que el impago de un préstamo estudiantil puede tener graves consecuencias, como afectar su calificación crediticia y posibles acciones legales por parte del prestamista.

Préstamos Comerciales

Los préstamos comerciales son préstamos que se utilizan para financiar operaciones comerciales o inversiones. Generalmente, los ofrecen bancos, cooperativas de crédito u otros prestamistas, y pueden ser con o sin garantía, según la solvencia del prestatario y el monto del préstamo.

Estos son algunos tipos comunes de préstamos comerciales:

1. Préstamos a plazo: Los préstamos a plazo son un tipo de préstamo que se reembolsa en un plazo fijo, generalmente con una tasa de interés fija. Se suelen utilizar para financiar inversiones a largo plazo, como la compra de equipos o la expansión de un negocio.
2. Líneas de crédito: Las líneas de crédito son un tipo de préstamo que proporciona a una empresa un fondo común que puede

disponer según sea necesario. Los intereses solo se aplican al monto prestado, lo que las convierte en una opción de financiamiento flexible para empresas con flujo de caja fluctuante.

3. Préstamos de la SBA: Los préstamos de la SBA están garantizados por la Administración de Pequeñas Empresas de EE. UU. A menudo son utilizados por pequeñas empresas que podrían no calificar para préstamos tradicionales y suelen tener tasas de interés más bajas y plazos de pago más largos.
4. Financiación de facturas: La financiación de facturas es un tipo de préstamo que permite a las empresas obtener un préstamo contra facturas impagadas. Esto puede proporcionar una fuente de flujo de caja mientras se espera el pago de las facturas de los clientes.

Al considerar un préstamo comercial, es importante considerar cuidadosamente los términos y condiciones, incluyendo la tasa de interés, el plazo de pago y las comisiones asociadas. También es importante contar con un plan de negocios sólido que describa cómo se utilizarán los fondos y cómo se reembolsará el préstamo.

Parte 2: Usos de los Préstamos

Préstamos para Autos

Para obtener un préstamo para autos, generalmente deberá proporcionar al prestamista información sobre sus ingresos, historial crediticio y el vehículo que desea comprar. El prestamista utilizará esta información para determinar el monto del préstamo, la tasa de interés y otras condiciones. También deberá presentar comprobante de ingresos y seguro. Puede solicitar un préstamo para autos a través de un banco, una cooperativa de crédito o un prestamista en línea. También es recomendable comparar las tasas de diferentes prestamistas para asegurarse de obtener la mejor oferta. Además, debe considerar su presupuesto y solo pedir prestado lo que pueda pagar.

Existen varias razones por las que a alguien se le puede negar un préstamo para auto. Algunas de las principales son:

1. Puntuación crediticia baja: Una puntuación crediticia baja puede indicar un mayor riesgo de impago para el prestamista, lo que puede resultar en la denegación de una solicitud de préstamo.
2. Ingresos insuficientes: Los prestamistas suelen exigir a los prestatarios ingresos estables para pagar el préstamo. Si no tiene ingresos estables o sus ingresos no son lo suficientemente altos, el prestamista podría denegar su solicitud de préstamo.
3. Relación deuda-ingresos alta: Los prestamistas analizarán cuánta deuda ya tiene en comparación con sus ingresos. Si tiene demasiadas deudas, podría resultarle difícil solicitar otro préstamo.
4. Falta de historial crediticio: Si no tiene historial crediticio, los prestamistas podrían no poder determinar su solvencia y podrían denegar su solicitud de préstamo.
5. Falta de comprobante de ingresos o empleo: Los prestamistas querrán verificar sus ingresos y situación laboral para asegurarse de que pueda afrontar los pagos del préstamo.
6. El auto que desea comprar es antiguo, tiene mucho kilometraje o se considera un vehículo de alto riesgo; por lo tanto, el prestamista podría no querer financiarlo.
7. Las quiebras o ejecuciones hipotecarias recientes, u otros problemas financieros, también pueden dificultar la aprobación de un préstamo para auto.

Cabe destacar que cada prestamista tiene diferentes criterios para la aprobación de un préstamo, por lo que si un prestamista le deniega un préstamo, podría valer la pena intentar con otro.

No existe una respuesta definitiva sobre cuál es la manera más fácil de obtener un préstamo para auto, ya que puede variar según la situación financiera y el historial crediticio de cada persona. Sin embargo, aquí tiene algunas sugerencias que pueden aumentar sus posibilidades de obtener la aprobación de un préstamo para auto:

1. Mejore su puntaje crediticio: Su puntaje crediticio es uno de los factores más importantes que los prestamistas consideran al evaluar una solicitud de préstamo para auto. Al tomar medidas para mejorar su puntaje crediticio, como pagar sus facturas a tiempo y reducir sus deudas pendientes, puede aumentar sus posibilidades de obtener la aprobación de un préstamo.
2. Compare precios: Cada prestamista tiene diferentes requisitos de puntaje crediticio y tasas de interés. Al comparar precios, puede comparar tasas y condiciones, y encontrar un prestamista que se adapte a su situación crediticia.
3. Considere un aval: Si tiene un puntaje crediticio bajo, un aval con buen crédito puede aumentar sus posibilidades de obtener la aprobación para un préstamo de auto.
4. Pago inicial: Un pago inicial puede reducir el monto del préstamo y el riesgo para el prestamista, lo que puede aumentar sus posibilidades de obtener la aprobación para un préstamo de auto.
5. Obtenga una preaprobación: Antes de comenzar a buscar un auto, considere obtener una preaprobación para un préstamo. Esto le dará una mejor idea de cuánto puede gastar y puede aumentar sus posibilidades de obtener la aprobación.

También vale la pena mencionar que algunos prestamistas se especializan en trabajar con prestatarios con mal crédito, por lo que le recomendamos trabajar con uno de estos prestamistas.

Un aval con buen crédito puede aumentar sus posibilidades de obtener la aprobación para un préstamo de auto si tiene mal crédito. Un aval es alguien que acepta asumir la responsabilidad de pagar el préstamo si usted no puede hacerlo. Tener un aval con buen crédito puede ayudar a mitigar el riesgo para el prestamista y aumentar sus posibilidades de obtener la aprobación del préstamo. Tenga en cuenta que el aval también será responsable del préstamo y cualquier pago atrasado afectará su crédito. Es importante comunicarse con su aval para asegurarse de que comprenda la responsabilidad que asume y de que usted tenga un plan para pagar el préstamo a tiempo.

Hacer un pago inicial puede ayudar a reducir el monto del préstamo y el riesgo para el prestamista, lo que puede aumentar sus posibilidades de obtener la aprobación de un préstamo para automóvil. Un pago inicial es una suma global de dinero que paga por adelantado al comprar un vehículo. Al hacer un pago inicial, puede reducir la cantidad que necesita pedir prestada, lo que puede ayudar a reducir el riesgo para el prestamista.

También demuestra al prestamista que eres financieramente responsable y que tienes los medios para realizar una inversión significativa en el auto, lo que podría aumentar su disposición a aprobar tu préstamo. Además, dar un enganche puede ayudarte a reducir tus pagos mensuales del auto y los intereses. El monto del enganche requerido varía según el prestamista; es recomendable consultar con el prestamista para conocer sus requisitos específicos. Sin embargo, cabe destacar que, en algunos casos, no se requiere un enganche y el préstamo puede financiarse al 100%.

Obtener una preaprobación para un préstamo puede ser beneficioso antes de comenzar a buscar un auto. La preaprobación significa que la entidad crediticia ha revisado su información crediticia y financiera, y le ha otorgado una aprobación preliminar para un préstamo hasta una cantidad determinada.

Obtener una preaprobación puede darle una mejor idea de cuánto puede gastar en un auto y también puede ayudarle a negociar un mejor precio con el concesionario. Además, le demuestra al concesionario que usted es un comprador serio y que tiene los recursos para comprar el auto, lo cual podrían considerar al finalizar el trato. Además, le permite comparar tasas y condiciones de diferentes prestamistas y encontrar la mejor oferta antes de tomar una decisión final. Tenga en cuenta que la preaprobación no es lo mismo que la aprobación final; el prestamista aún deberá revisar el auto específico que desea comprar y el monto final del préstamo puede variar. Sin embargo, la preaprobación puede darle una mejor idea de qué esperar y aumentar sus posibilidades de obtener la aprobación para un préstamo de auto.

Préstamos Personales

Un préstamo personal es un tipo de préstamo sin garantía que proporciona fondos para uso personal, como pagar deudas, financiar un proyecto de mejoras en el hogar o cubrir gastos inesperados. El préstamo no está garantizado por ninguna propiedad ni garantía y generalmente lo ofrecen bancos, cooperativas de crédito y prestamistas en línea. El monto prestado, el período de pago y la tasa de interés generalmente se determinan en función de la calificación crediticia y los ingresos del prestatario. El reembolso del préstamo generalmente se realiza mediante pagos mensuales fijos, con el capital y los intereses pagados durante un período específico.

Se puede solicitar un préstamo personal por varias razones, entre ellas:

1. Consolidación de deudas: Para pagar deudas de tarjetas de crédito con intereses altos o varias facturas con un solo préstamo a una tasa de interés más baja.

2. Reformas del hogar: Para financiar renovaciones o mejoras en una propiedad.

3. Gastos imprevistos: Para cubrir gastos de emergencia como facturas médicas, reparaciones del automóvil o gastos de viaje.

4. Gastos de boda: Para pagar los gastos relacionados con la boda, como el lugar de celebración, el catering o la luna de miel.

5. Educación: Para financiar gastos relacionados con la educación, como la matrícula o los libros.

6. Gastos comerciales: Para cubrir costos comerciales, como la compra de inventario, equipo o publicidad.

7. Vacaciones: Para financiar un viaje o vacaciones.

8. Consolidación de préstamos estudiantiles: Para refinanciar y pagar la deuda de préstamos estudiantiles a una tasa de interés más baja.

9. Gastos de mudanza: Para cubrir los costos de una reubicación, como contratar una empresa de mudanzas o alquilar un camión.

10. Préstamos para automóviles: Para financiar la compra de un vehículo.

Es importante considerar el costo del préstamo, incluyendo la tasa de interés y las comisiones, y la capacidad de pago antes de solicitar un préstamo personal.

Estos son algunos de los posibles inconvenientes de solicitar un préstamo personal:

1. Tasas de interés altas: Los préstamos personales pueden tener tasas de interés más altas que los préstamos con garantía, como una hipoteca o un préstamo para automóvil, y pueden encarecer el préstamo.
2. Comisiones: Algunos préstamos personales pueden incluir comisiones de apertura, penalizaciones por pago anticipado u otras comisiones que pueden aumentar el costo total del préstamo.
3. Plazos de pago: Los préstamos personales suelen tener un plazo de pago establecido, y la omisión o el pago tardío pueden resultar en comisiones adicionales o una tasa de interés más alta.
4. Impacto en la calificación crediticia: Obtener un préstamo personal puede afectar la calificación crediticia de una persona, especialmente si tiene un historial crediticio limitado o realiza pagos atrasados.

5. Trampa de deuda: Solicitar un préstamo personal para consolidar deudas o cubrir gastos inesperados puede llevar a endeudarse más si no se aborda la causa raíz del problema financiero.
6. Uso limitado de fondos: Los préstamos personales suelen utilizarse para fines específicos y pueden no ser ideales para inversiones mayores o planificación financiera a largo plazo.
7. Falta de garantía: A diferencia de los préstamos con garantía, los préstamos personales no están respaldados por una garantía y, por lo tanto, conllevan un mayor riesgo para el prestamista. Este riesgo puede resultar en tasas de interés más altas o condiciones de préstamo más estrictas para el prestatario.

Antes de solicitar un préstamo personal, es importante considerar cuidadosamente los términos y condiciones del préstamo, así como la capacidad del prestatario para pagarlo puntualmente.

Préstamos estudiantiles

Para obtener un préstamo estudiantil, debe seguir estos pasos:

1. Investigar y comparar diferentes opciones de préstamos gubernamentales y privados.
2. Completar la Solicitud Gratuita de Ayuda Federal para Estudiantes (FAFSA) para determinar la elegibilidad para préstamos federales.
3. Si se aprueba, acepte la oferta de préstamo y complete cualquier requisito adicional, como asesoramiento sobre préstamos o asesoramiento de ingreso.
4. Si es necesario, solicite préstamos privados a bancos u otras instituciones financieras.

5. Revise y firme el contrato de préstamo, indicando los términos y condiciones.
6. Utilice los fondos del préstamo para cubrir gastos educativos como matrícula, libros y alojamiento.

Es importante comprender los términos y condiciones del préstamo, así como sus responsabilidades para pagarlo después de graduarse.

La Solicitud Gratuita de Ayuda Federal para Estudiantes (FAFSA) es un formulario que se utiliza para solicitar ayuda financiera del gobierno federal para financiar la universidad. Es una solicitud completa que recopila información sobre la situación financiera del estudiante y su familia para determinar su elegibilidad para programas federales de ayuda estudiantil, como subvenciones, becas y préstamos.

Para completar la FAFSA, deberá proporcionar información sobre sus ingresos, bienes y otros recursos financieros. También podría tener que proporcionar información sobre la situación financiera de su familia, incluyendo los ingresos y bienes de sus padres u otras personas que lo apoyan económicamente. Una vez que haya enviado la FAFSA, el gobierno procesará la solicitud y determinará su elegibilidad para recibir ayuda financiera. Esto puede incluir becas, programas de estudio y trabajo, y préstamos. Las universidades también utilizarán los resultados de la FAFSA para determinar su elegibilidad para recibir ayuda de sus propios programas.

Es importante tener en cuenta que la FAFSA debe completarse anualmente para mantener la elegibilidad para recibir ayuda financiera federal, y el período de solicitud suele abrir el 1 de octubre y cerrar en la fecha límite federal, generalmente en primavera.

La asesoría sobre préstamos y la orientación de admisión son sesiones obligatorias para los estudiantes que han sido aprobados para préstamos estudiantiles federales. Estas sesiones están diseñadas para educar a los estudiantes sobre sus derechos y responsabilidades como prestatarios, y para ayudarlos a comprender los términos y condiciones de sus préstamos.

La orientación de admisión es un requisito único que debe completarse antes de que un estudiante pueda recibir su primer desembolso de préstamos estudiantiles federales. Durante la orientación de admisión, los estudiantes aprenden sobre el proceso del préstamo, incluyendo las tasas de interés, las opciones de pago y las consecuencias del incumplimiento de pago. También tendrán la oportunidad de hacer preguntas y aclarar cualquier inquietud sobre su préstamo.

Por otro lado, la asesoría crediticia es obligatoria anualmente para los estudiantes que reciben préstamos estudiantiles federales. Durante la asesoría, recibirán actualizaciones sobre los saldos, las tasas de interés y otra información relacionada con sus préstamos. También se les recordarán sus derechos y responsabilidades como prestatarios y tendrán la oportunidad de hacer preguntas sobre sus préstamos.

Tanto la asesoría de ingreso como la asesoría crediticia pueden completarse en línea y son pasos importantes para garantizar que los estudiantes comprendan sus obligaciones crediticias y estén preparados para administrar su deuda de manera efectiva.

Para obtener un préstamo estudiantil no federal, puede seguir estos pasos:

1. Investigue diferentes opciones de préstamos privados: Compare las tasas de interés, los plazos de pago y otras características de los préstamos de diferentes prestamistas para encontrar la mejor opción para usted.
2. Consulte su puntaje crediticio: Su puntaje e historial crediticios afectarán sus opciones de préstamo y las tasas de interés. Puede consultar su puntaje crediticio gratis en varios sitios web.
3. Solicitar un préstamo: Puede solicitar un préstamo estudiantil privado directamente a través de un prestamista o a través de un mercado de préstamos. Deberá proporcionar información personal y financiera, incluyendo información sobre sus ingresos y bienes.
4. Revise y acepte la oferta de préstamo: Si se aprueba, recibirá una oferta del prestamista, que detalla la tasa de interés, los plazos de pago y otras características. Revise la oferta detenidamente y asegúrese de comprender los términos y condiciones antes de aceptarla.

5. Complete el proceso de desembolso del préstamo: Una vez que haya aceptado la oferta, el prestamista desembolsará los fondos a su institución educativa. Los fondos se utilizarán para pagar la matrícula, los libros y otros gastos relacionados con la educación.

Es importante considerar cuidadosamente los términos y condiciones de los préstamos privados, ya que pueden tener tasas de interés más altas y plazos de pago más estrictos en comparación con los préstamos federales. También se recomienda agotar todas las demás opciones de ayuda financiera antes de solicitar un préstamo estudiantil privado.

Obtener un préstamo estudiantil federal implica una serie de pasos relativamente sencillos. A continuación, se presenta un resumen general del proceso:

1. Complete la Solicitud Gratuita de Ayuda Federal para Estudiantes (FAFSA): El primer paso para solicitar un préstamo estudiantil federal es completar la FAFSA. Esta solicitud determinará su elegibilidad para varios tipos de ayuda financiera, incluyendo préstamos federales para estudiantes.

2. Revise su paquete de ayuda financiera: Después de enviar la FAFSA, su institución educativa le enviará un paquete de ayuda financiera que describe los tipos y montos de ayuda que puede recibir. Este paquete puede incluir préstamos federales para estudiantes, subvenciones, becas y oportunidades de trabajo y estudio.

3. Aceptar o rechazar sus préstamos federales para estudiantes: Si le ofrecen un préstamo federal para estudiantes como parte de su paquete de ayuda financiera, deberá revisar los términos y condiciones del préstamo y decidir si lo acepta o no. Asegúrese de considerar cuidadosamente la tasa de interés, las condiciones de pago y los cargos asociados antes de aceptar el préstamo.

4. Asesoría completa para el ingreso al préstamo: Si es la primera vez que solicita un préstamo federal para estudiantes, deberá completar la asesoría antes de poder recibir los fondos. Esta asesoría le ayudará a comprender los términos y condiciones de su préstamo y sus responsabilidades.

5. Firme un Pagaré Maestro (MPN): Para recibir un préstamo federal para estudiantes, deberá firmar un MPN, un documento legal que describe los términos y condiciones de su préstamo. Solo necesitará firmar este documento una vez y se utilizará para todos sus préstamos federales para estudiantes mientras esté estudiando.

6. Reciba los fondos de su préstamo: Una vez que haya completado todos los pasos anteriores, los fondos de su préstamo federal para estudiantes se desembolsarán directamente a su institución educativa para pagar su matrícula, cuotas y otros gastos educativos. Si quedan fondos después de pagar su matrícula, se le reembolsarán.

En general, obtener un préstamo federal para estudiantes es relativamente sencillo, pero es importante considerar cuidadosamente los términos y condiciones antes de aceptarlo. Asegúrese de revisar todas sus opciones de ayuda financiera y elija la que mejor se adapte a sus necesidades y presupuesto.

Hipotecas

Una hipoteca es un tipo de préstamo que se utiliza generalmente para comprar bienes raíces, como una casa, un apartamento o un local comercial. Al solicitar una hipoteca, el prestamista (generalmente un banco o una institución financiera) le proporcionará una suma global de dinero, que utilizará para comprar la propiedad.

La hipoteca está garantizada por la propia propiedad, lo que significa que si no puede realizar sus pagos, el prestamista tiene derecho a tomar posesión de la propiedad y venderla para recuperar sus pérdidas. Esto hace que las hipotecas sean un tipo de préstamo de relativamente bajo riesgo para los prestamistas, por lo que suelen ofrecerse con tasas de interés más bajas que otros tipos de préstamos.

Las hipotecas vienen en una variedad de tipos y estructuras. Los tipos más comunes son las hipotecas de tasa fija, en las que la tasa de interés se mantiene igual durante todo el plazo del préstamo, y las hipotecas de tasa ajustable, en las que la tasa de interés puede fluctuar con el tiempo.

El plazo de una hipoteca también puede variar, pero la mayoría de las hipotecas tienen un plazo de 15 a 30 años. Durante este tiempo, usted realizará pagos mensuales al prestamista, que incluirán tanto el capital (la cantidad prestada) como los intereses (la comisión que le cobra el prestamista por prestarle el dinero).

En general, una hipoteca es un compromiso financiero importante y requiere una cuidadosa consideración y planificación antes de asumir la responsabilidad de un préstamo a largo plazo. Una hipoteca es un préstamo que se utiliza para comprar una propiedad y ofrece varias ventajas, entre ellas:

1. Capacidad para comprar una propiedad: Una hipoteca permite a las personas adquirir una propiedad que tal vez no puedan pagar en efectivo.
2. Acumulación de capital: A medida que se paga la hipoteca, el propietario acumula capital en la propiedad. Este capital puede utilizarse como fuente de ingresos durante la jubilación o como entrada para una futura vivienda.
3. Potencial apreciación de la propiedad: El valor de los bienes inmuebles puede apreciarse con el tiempo, lo que puede aumentar el valor de la propiedad y el capital del propietario.
4. Beneficios fiscales: Los intereses hipotecarios son deducibles de impuestos, lo que puede reducir el coste total de ser propietario de una vivienda. Los impuestos sobre la propiedad también son deducibles de impuestos en la mayoría de los casos.
5. Ahorro forzoso: Una hipoteca puede funcionar como un plan de ahorro forzoso, ya que el propietario debe realizar pagos regulares de la hipoteca, lo que le ayuda a ahorrar dinero.
6. Sentido de comunidad: Ser propietario de una vivienda generalmente genera un sentido de comunidad y pertenencia; las personas pueden sentirse más conectadas con el vecindario y tienden a cuidar mejor la propiedad.

Es importante tener en cuenta que una hipoteca también conlleva riesgos, como la posibilidad de ejecución hipotecaria si no se realizan los pagos, y que la tasa de interés puede variar con el tiempo.

El capital se refiere al valor de una propiedad en la que el propietario tiene interés. Se calcula como la diferencia entre el valor de la propiedad y cualquier préstamo o hipoteca pendiente sobre la misma.

Por ejemplo, si una propiedad vale $500,000 y el propietario tiene una hipoteca de $400,000, el capital del propietario en la propiedad es de $100,000. Si el propietario realiza los pagos de la hipoteca, el capital aumentará a medida que el saldo de la hipoteca disminuya.

Los propietarios pueden usar su capital de varias maneras, por ejemplo:

1. Como pago inicial para una futura vivienda: Los propietarios pueden vender su propiedad actual y usar el capital como pago inicial para una nueva vivienda.
2. Como fuente de ingresos: Los propietarios de vivienda pueden solicitar un préstamo con garantía hipotecaria, conocido como préstamo con garantía hipotecaria o línea de crédito. Este préstamo puede utilizarse para mejoras en el hogar, consolidación de deudas u otros gastos.
3. Como inversión: El valor de una propiedad también puede revalorizarse con el tiempo, lo que puede generar una buena rentabilidad para el propietario.

Es importante tener en cuenta que el valor neto también puede disminuir si el valor de la propiedad baja o si el propietario asume una deuda adicional con ella.

También existen varias desventajas o inconvenientes al obtener una hipoteca, entre ellas:

1. Altos costos iniciales: Obtener una hipoteca requiere una inversión inicial significativa, que incluye un pago inicial, costos de cierre y otros cargos.
2. Compromiso a largo plazo: Una hipoteca es un compromiso a largo plazo, que suele durar entre 15 y 30 años, y el propietario debe realizar pagos regulares durante ese tiempo.
3. Riesgo de ejecución hipotecaria: Si el propietario no puede realizar los pagos de su hipoteca, corre el riesgo de perder su propiedad por ejecución hipotecaria.
4. Riesgo de tasa de interés: La tasa de interés de una hipoteca puede variar, lo que puede aumentar el costo total del préstamo.
5. Límites de flexibilidad: Una hipoteca puede limitar la flexibilidad de una persona para mudarse o realizar cambios en su propiedad, ya que debe seguir realizando los pagos de la hipoteca.

6. Responsabilidad de mantenimiento y reparaciones: Como propietario, usted es responsable del mantenimiento y las reparaciones de la propiedad, lo cual puede ser costoso.
7. Activos líquidos limitados: Si una gran parte de sus activos está vinculada a su propiedad, esto puede limitar su capacidad de acceder a efectivo en caso de emergencia.
8. Movilidad limitada: Vender una propiedad con una hipoteca puede ser más complicado y puede limitar su capacidad para mudarse a una nueva ubicación si lo necesita.

Parte 3: Interés

En finanzas, el interés es el costo de pedir dinero prestado o el rendimiento del capital invertido. El interés se puede calcular como un porcentaje del capital prestado o invertido, y generalmente se expresa como una tasa de porcentaje anual (TAE).

Cuando pide dinero prestado, generalmente tiene que pagar intereses al prestamista como compensación por el uso de sus fondos. El tipo de interés de un préstamo depende de varios factores, como la solvencia del prestatario, el importe solicitado, la duración del plazo y las condiciones actuales del mercado. El tipo de interés puede ser fijo, es decir, se mantiene igual durante todo el plazo del préstamo, o variable, es decir, cambia con el tiempo según las condiciones del mercado.

Los tipos de interés son un aspecto importante de las finanzas porque afectan al coste del préstamo y al rendimiento de la inversión. También pueden afectar a la salud general de la economía. Por ejemplo, los tipos de interés bajos pueden estimular el crecimiento económico al fomentar el endeudamiento y el gasto, mientras que los tipos de interés altos pueden ralentizarlo al encarecer el endeudamiento.

Los tipos de interés son el coste del endeudamiento o el rendimiento de prestar dinero. Normalmente se expresan como un porcentaje del capital principal y se cobran o devengan durante un período específico, generalmente anual. Los tipos de interés son una herramienta importante que utilizan los bancos centrales para influir en la economía, al afectar al coste del endeudamiento, el gasto y la inversión.

Los tipos de interés se pueden clasificar en varias categorías según el tipo de tipo de interés, la duración del plazo del préstamo y el método de cálculo. Algunos tipos comunes de tasas de interés incluyen:

1. Tasas de interés fijas: Son tasas de interés que se mantienen constantes durante todo el plazo del préstamo o inversión. Las tasas de interés fijas se utilizan comúnmente en hipotecas, préstamos personales y bonos.

2. Tasas de interés variables: Son tasas de interés que fluctúan con el tiempo según las condiciones del mercado. Las tasas de interés variables se utilizan comúnmente en hipotecas de tasa ajustable, tarjetas de crédito y algunos tipos de cuentas de ahorro.
3. Tasas de interés preferenciales: Son las tasas de interés que los bancos comerciales cobran a sus clientes con mayor solvencia. La tasa preferencial se utiliza generalmente como referencia para otros tipos de préstamos y tasas de interés.
4. Tasa de fondos federales: Es la tasa de interés a la que los bancos comerciales se prestan entre sí a un día para cumplir con sus requisitos de reserva. El Banco de la Reserva Federal utiliza la tasa de fondos federales como herramienta para influir en la economía ajustando la oferta monetaria y controlando la inflación.
5. Tasa de porcentaje anual (TPA): Es el costo total del préstamo, incluyendo tanto la tasa de interés como cualquier comisión asociada. La TPA se utiliza para comparar el costo de diferentes tipos de préstamos y tarjetas de crédito.

Las tasas de interés pueden tener un impacto significativo en la economía, afectando el gasto de los consumidores, la inversión empresarial y la inflación. Cuando las tasas de interés son bajas, los préstamos se abaratan, lo que puede estimular el gasto y la inversión. Sin embargo, las tasas de interés bajas también pueden generar inflación y burbujas de activos. Por el contrario, las tasas de interés altas pueden ralentizar el crecimiento económico y el endeudamiento, pero también pueden ayudar a controlar la inflación. El equilibrio de las tasas de interés es un factor importante en la política macroeconómica y la toma de decisiones financieras.

La Tasa de Porcentaje Anual (APR) típica para generar intereses y las tasas de interés regulares pueden variar dependiendo del tipo de cuenta, inversión o préstamo que esté considerando, así como de las condiciones del mercado, los factores económicos y la solvencia del emisor.

Para las tasas de interés regulares, la TAE también puede variar según el tipo de préstamo o producto crediticio que esté considerando. Por ejemplo, las tarjetas de crédito suelen tener tasas de interés más altas que los préstamos personales o hipotecas, con TAE que oscilan entre el 15% y el 25% o más. Los préstamos para automóviles y los préstamos personales suelen tener tasas de interés más bajas que las tarjetas de crédito, con TAE que oscilan entre el 3% y el 10% o más, dependiendo de la solvencia del prestatario y otros factores. Las hipotecas suelen tener las tasas de interés más bajas de cualquier tipo de préstamo, con TAE que oscilan entre el 2% y el 5% o más, dependiendo del tipo de hipoteca, la duración del préstamo y las condiciones del mercado.

Es importante tener en cuenta que las tasas de interés pueden cambiar con el tiempo en función de diversos factores, por lo que siempre es recomendable comparar las tasas de varios emisores y buscar la mejor oferta. Además, la TAE es solo un factor a considerar al evaluar un producto financiero; también deben considerarse otros factores como comisiones, penalizaciones y plazos de amortización.

Las tasas de interés se pueden encontrar en diversas áreas de las finanzas personales y la inversión. Algunos lugares comunes donde se pueden encontrar tasas de interés incluyen:

1. Cuentas de ahorro: Al depositar dinero en una cuenta de ahorro, el banco o la institución financiera puede pagarle intereses sobre el saldo.
2. Certificados de depósito (CD): Los CD son un tipo de inversión que le permite generar intereses sobre su depósito durante un período fijo.
3. Bonos: Los bonos son un tipo de inversión de renta fija que paga intereses a los inversores durante la vida del bono.
4. Hipotecas: Al solicitar una hipoteca para comprar una vivienda, se le cobrarán intereses sobre el importe prestado.
5. Préstamos para automóviles: Si financia la compra de un automóvil, se le cobrarán intereses sobre el importe del préstamo.

6. Tarjetas de crédito: Las tarjetas de crédito cobran intereses sobre los saldos que no se pagan en su totalidad antes de la fecha de vencimiento.
7. Préstamos personales: Si solicita un préstamo personal, se le cobrarán intereses sobre el monto del préstamo.
8. Préstamos estudiantiles: Los préstamos estudiantiles cobran intereses sobre el monto prestado para financiar gastos educativos.

Además de estos productos financieros específicos, también pueden existir tasas de interés en la economía en general, como las tasas de interés establecidas por los bancos centrales, que pueden influir en el costo del crédito y el gasto tanto para empresas como para particulares.

Si bien las tasas de interés pueden ser una herramienta útil para administrar las finanzas personales y la inversión, también conllevan varias desventajas y riesgos que las personas deben conocer. Algunas de estas desventajas incluyen:

1. Las tasas de interés altas pueden generar deuda: Cuando las tasas de interés son altas, pedir dinero prestado se vuelve más caro y las personas pueden ser más propensas a endeudarse que no pueden pagar.
2. Las tasas de interés variables pueden ser impredecibles: Cuando las tasas de interés son variables, pueden ser difíciles de predecir, lo que puede dificultar la planificación futura para prestatarios e inversores.
3. Las tasas de interés bajas pueden perjudicar los ahorros: Cuando las tasas de interés son bajas, la rentabilidad de las cuentas de ahorro, los certificados de depósito y otros tipos de inversiones puede no seguir el ritmo de la inflación, lo que puede erosionar el valor de los ahorros con el tiempo.

4. Las tasas de interés pueden verse influenciadas por factores externos: Las tasas de interés pueden verse afectadas por diversos factores externos, como cambios en la economía, decisiones de política monetaria de los bancos centrales y eventos geopolíticos, que pueden ser difíciles de predecir.
5. Las tasas de interés pueden estar sujetas a comisiones y penalizaciones: Además de los intereses que se cobran por préstamos y otros tipos de crédito, los prestatarios también pueden estar sujetos a comisiones y penalizaciones por pagos atrasados, impagos u otros tipos de incumplimiento, lo que puede aumentar el coste del préstamo.
6. Las tasas de interés pueden utilizarse para manipular los mercados financieros: En algunos casos, las tasas de interés pueden utilizarse para manipular los mercados financieros, lo que puede crear un entorno volátil e impredecible tanto para los inversores como para los prestatarios.

En general, es importante que las personas consideren cuidadosamente los riesgos y beneficios de las tasas de interés antes de tomar cualquier decisión financiera. Al comprender cómo funcionan las tasas de interés y los posibles riesgos asociados a ellas, las personas pueden tomar decisiones más informadas sobre sus finanzas e inversiones personales.

Capítulo 6: Invertir

Invertir es el acto de asignar recursos, típicamente dinero, con la expectativa de generar ingresos o ganancias en el futuro. El objetivo de invertir es aumentar su riqueza con el tiempo al poner su dinero en varios activos que tienen el potencial de apreciar en valor o generar ingresos.

Hay muchos tipos diferentes de inversiones disponibles, incluyendo acciones, bonos, bienes raíces, fondos mutuos, y fondos cotizados en bolsa (ETFs), entre otros. Cada una de estas opciones de inversión tiene sus propias características únicas, riesgos y potenciales recompensas.

Cuando inviertes en algo, básicamente estás comprando una participación en ese activo o empresa. Por ejemplo, si usted invierte en acciones, está comprando una pequeña pieza de propiedad en la empresa cuyas acciones ha comprado. Si la empresa lo hace bien y el precio de sus acciones aumenta, el valor de su inversión también aumentará.

La inversión requiere cierto nivel de toma de riesgos, ya que no hay garantía de que una inversión en particular funcione como se espera o genere el rendimiento deseado. Por lo tanto, es importante investigar y comprender los riesgos involucrados antes de tomar cualquier decisión de inversión. También es importante tener un horizonte de inversión a largo plazo y diversificar sus inversiones para minimizar el riesgo.

En última instancia, invertir es una manera de construir riqueza con el tiempo y lograr sus objetivos financieros. Ya sea que esté invirtiendo para la jubilación, para pagar la educación de un niño o para construir un huevo de nido para el futuro, la clave es tener una estrategia de inversión bien pensada y mantenerse con ella a largo plazo.

La inversión puede proporcionar una variedad de beneficios, incluyendo el potencial de crecimiento a largo plazo de la riqueza, la diversificación de los activos y la capacidad de obtener ingresos pasivos. Invertir en una cartera diversificada de acciones, bonos y otros activos también puede ayudar a distribuir el riesgo y aumentar las posibilidades de alcanzar los objetivos financieros. Además, invertir también puede ayudar a vencer la inflación, que puede erosionar el poder adquisitivo del efectivo con el tiempo. Es importante recordar que toda inversión conlleva riesgos y el rendimiento pasado no es indicativo de resultados futuros. Siempre es una buena idea consultar con un asesor financiero antes de tomar cualquier decisión de inversión.

Invertir también puede tener inconvenientes, algunos de los cuales incluyen:

1. Riesgo: Invertir siempre conlleva cierto nivel de riesgo, y el potencial de pérdida siempre está presente. No hay garantía de que una inversión funcione como se espera, e incluso una inversión bien investigada puede resultar en una pérdida.
2. Volatilidad: El valor de las inversiones puede fluctuar rápidamente, lo que puede dificultar que los inversores sepan cuándo comprar o vender. Esta volatilidad también puede causar estrés emocional para algunos inversores.
3. Falta de liquidez: Algunas inversiones, tales como bienes raíces o acciones de empresas privadas, pueden ser difíciles de vender rápidamente, lo que puede limitar la flexibilidad de un inversor.
4. Cargos y cargos ocultos: Algunas inversiones vienen con cargos y cargos ocultos que pueden consumir rendimientos, lo que dificulta el logro de objetivos financieros.
5. Falta de control: Invertir significa confiar su dinero a otras personas, como gestores de fondos o ejecutivos de empresas. Esto puede dificultar el control sobre el rendimiento de sus inversiones.

Es importante recordar que las recompensas potenciales de la inversión deben equilibrarse con los riesgos e inconvenientes potenciales. Siempre es una buena idea consultar con un asesor financiero antes de tomar cualquier decisión de inversión.

Hay muchos tipos diferentes de inversiones disponibles, cada una con sus propias características y riesgos únicos. Algunos de los tipos de inversiones más comunes incluyen:

1. Acciones: Estas son acciones de propiedad en una empresa que se negocian en bolsas de valores. Cuando usted compra una acción, usted se convierte en un copropietario de la compañía y tiene derecho a una parte de los beneficios de la compañía.
2. Bonos: Son títulos de deuda emitidos por empresas o gobiernos. Cuando compras un bono, básicamente estás prestando dinero al

emisor a cambio de pagos de intereses y la devolución del principal al vencimiento.

3. Fondos mutuos: Se trata de carteras de inversión administradas profesionalmente que agrupan dinero de muchos inversores para comprar una mezcla diversificada de acciones, bonos y otros valores.
4. Fondos cotizados en bolsa (ETF): Al igual que los fondos mutuos, los ETF son carteras de inversión gestionadas profesionalmente que agrupan dinero de muchos inversores. Los ETFs operan en bolsas de valores, como acciones individuales, y pueden ofrecer más flexibilidad y costos más bajos que los fondos mutuos tradicionales.
5. Bienes raíces: Esto incluye inversiones en propiedades físicas, como propiedades de alquiler, edificios comerciales o tierras en bruto.
6. Productos básicos: Estos son bienes físicos, como metales preciosos, petróleo, productos agrícolas y otros recursos naturales.
7. Criptomoneda: La criptomoneda es una moneda digital o virtual que utiliza la criptografía para la seguridad. Bitcoin y Ethereum son los ejemplos más famosos.
8. Certificados de depósito (CD): Estos son depósitos a plazo ofrecidos por bancos y otras instituciones financieras. Los CD suelen ofrecer tasas de interés más altas que las cuentas de ahorro, pero tienen una flexibilidad limitada

Es importante recordar que los diferentes tipos de inversiones conllevan diferentes niveles de riesgo, y es importante entender las características de cada tipo de inversión antes de invertir. Siempre es una buena idea consultar con un asesor financiero antes de tomar cualquier decisión de inversión.

Parte 1: Tipos de Inversión

Acciones

Las acciones, también conocidas como acciones, son acciones de propiedad de una empresa que se negocian en las bolsas de valores. Cuando compras una acción, te conviertes en copropietario de la empresa y tienes derecho a una parte de los beneficios de la empresa. El valor de una acción está determinado por el mercado y puede fluctuar en función de diversos factores, como el rendimiento financiero de la empresa, las condiciones del mercado y las condiciones económicas generales.

Hay dos tipos principales de acciones: acciones ordinarias y acciones preferentes. Las acciones ordinarias representan la propiedad de una empresa y otorgan a su titular derechos de voto en asuntos importantes de la empresa, como la elección de la junta directiva. Las acciones preferentes no tienen derecho a voto, pero suelen tener una prioridad más alta en caso de que la empresa quiebre y se liquide.

Las acciones se pueden comprar y vender en bolsas de valores, como la Bolsa de Valores de Nueva York (NYSE) y el Nasdaq, a través de un corredor de bolsa. Las acciones también se pueden comprar y vender a través de plataformas de negociación en línea.

Invertir en acciones puede ser una buena manera de obtener un rendimiento de su inversión a largo plazo, pero también conlleva cierto riesgo. El valor de una acción puede fluctuar rápidamente, y el valor de una acción puede caer significativamente si la empresa no tiene un buen rendimiento financiero. Además, el mercado de valores en su conjunto también puede experimentar una volatilidad significativa y puede caer repentinamente, como se ve durante las caídas o recesiones del mercado.

Es importante recordar que a la hora de invertir en acciones, es importante tener una cartera bien diversificada y no poner todos los huevos en la misma cesta. También es importante tener un horizonte de inversión a largo plazo, ya que las acciones tienden a tener un mejor rendimiento a largo plazo. Siempre es una buena idea consultar con un asesor financiero antes de tomar cualquier decisión de inversión.

Bonos

Los bonos son títulos de deuda emitidos por empresas o gobiernos. Cuando compras un bono, esencialmente estás prestando dinero al emisor a cambio de pagos de intereses y el retorno del capital al vencimiento. El emisor del bono promete pagarle una tasa de interés fija o variable durante un cierto período de tiempo y al final del plazo del bono, el emisor devolverá el monto original que se tomó prestado (valor nominal o principal).

Los bonos se consideran menos riesgosos que las acciones, pero el nivel de riesgo puede variar según el emisor y el tipo de bono. Los bonos emitidos por el gobierno o por empresas grandes y bien establecidas se consideran más seguros que los bonos emitidos por empresas más pequeñas o menos estables desde el punto de vista financiero.

Hay varios tipos de bonos disponibles, que incluyen:

1. Bonos del Tesoro: Son emitidos por el gobierno federal y se consideran una de las inversiones más seguras porque están respaldados por la plena fe y crédito del gobierno de los Estados Unidos.
2. Bonos corporativos: Son emitidos por empresas y pueden clasificarse a su vez como bonos de grado de inversión o de alto rendimiento. Los bonos de grado de inversión se consideran más seguros que los bonos de alto rendimiento, que son emitidos por empresas con un mayor riesgo de impago.
3. Bonos municipales: Son emitidos por los gobiernos estatales y locales y, a menudo, están exentos de impuestos, lo que puede hacerlos atractivos para los inversores en tramos impositivos más altos.
4. Bonos extranjeros: Son bonos emitidos por gobiernos o empresas extranjeras y pueden estar sujetos a fluctuaciones monetarias y riesgos políticos.
5. Bonos de tasa flotante: Estos bonos pagan una tasa de interés que varía con las condiciones del mercado, en lugar de una tasa de interés fija.

El valor de un bono puede cambiar en función de los movimientos de los tipos de interés y de la solvencia del emisor. Cuando las tasas de interés suben, los precios de los bonos caen, y cuando las tasas de interés caen, los precios de los bonos suben.

Es importante recordar que todos los bonos conllevan algún nivel de riesgo y es importante investigar al emisor del bono y al propio bono antes de invertir. Siempre es una buena idea consultar con un asesor financiero antes de tomar cualquier decisión de inversión.

Fondos Mutuos

Los fondos mutuos son un tipo de vehículo de inversión que reúne dinero de múltiples inversionistas para invertir en una variedad de valores como acciones, bonos y otros activos financieros. Estos fondos son gestionados por gestores de carteras profesionales que pretenden alcanzar un objetivo de inversión específico, como el crecimiento a largo plazo, la generación de ingresos o la preservación del capital.

Cuando inviertes en un fondo mutuo, esencialmente estás comprando una acción en el fondo, que representa una propiedad proporcional en los activos subyacentes que posee el fondo. El precio de la acción del fondo mutuo está determinado por el valor total de los activos del fondo dividido por el número de acciones en circulación.

Hay varios beneficios de invertir en fondos mutuos. En primer lugar, los fondos mutuos ofrecen diversificación, lo que significa que al invertir en un fondo mutuo, está distribuyendo su inversión en una variedad de activos, lo que puede ayudar a reducir el riesgo de pérdidas de cualquier inversión. Además, los fondos mutuos brindan acceso a la administración e investigación profesional del dinero, lo que puede ser valioso para los inversionistas que carecen del tiempo o la experiencia para administrar sus propias inversiones.

Los fondos mutuos están disponibles en una variedad de tipos y categorías, como fondos de renta variable, fondos de bonos, fondos equilibrados y fondos sectoriales. Cada tipo de fondo mutuo tiene su propio objetivo de inversión, estrategia y perfil de riesgo. Por ejemplo, los fondos de renta variable invierten principalmente en acciones y son adecuados para los inversores que buscan crecimiento a largo plazo, mientras que los fondos de renta fija invierten principalmente en valores de renta fija y son adecuados para los inversores que buscan ingresos regulares con un riesgo relativamente menor.

Los inversores en fondos mutuos suelen pagar tarifas y gastos, incluidas tarifas de administración, cargos por ventas y otros costos administrativos. Estos costes pueden variar en función del tipo de fondo y de la empresa de gestión de inversiones, y es importante leer el folleto del fondo para comprender las comisiones y los gastos asociados a la inversión.

Los inversores en fondos mutuos suelen pagar tarifas y gastos, incluidas tarifas de administración, cargos por ventas y otros costos administrativos. Estos costes pueden variar en función del tipo de fondo y de la empresa de gestión de inversiones, y es importante leer el folleto del fondo para comprender las comisiones y los gastos asociados a la inversión.

Los Fondos Cotizados En Bolsa

Los fondos cotizados en bolsa (ETF) son un tipo de vehículo de inversión que combina las características de los fondos mutuos y las acciones individuales. Al igual que los fondos mutuos, los ETF reúnen dinero de múltiples inversores para invertir en una canasta de valores como acciones, bonos y otros activos financieros. Sin embargo, a diferencia de los fondos mutuos, los ETF se negocian en una bolsa como acciones individuales, y su precio fluctúa a lo largo del día de negociación.

Los ETF están diseñados para seguir un índice específico, como el S&P 500, o un sector o industria. Por ejemplo, un ETF que sigue al S&P 500 tendrá una cesta de acciones que refleja el rendimiento del índice. Cuando compras acciones en un ETF, esencialmente estás comprando una propiedad proporcional en los activos subyacentes que posee el fondo.

Una de las principales ventajas de los ETF es su flexibilidad. Debido a que se negocian en una bolsa, se puede comprar y vender ETF durante todo el día de negociación, al igual que las acciones individuales. Esto significa que puede utilizar los ETF para operar con las tendencias del mercado a corto plazo, así como para estrategias de inversión a largo plazo.

Los ETF también ofrecen costos más bajos que los fondos mutuos tradicionales. Esto se debe a que los ETF se gestionan de forma pasiva, lo que significa que siguen un índice, y no requieren el mismo nivel de gestión activa que los fondos mutuos. Como resultado, los ETF suelen tener tarifas de administración y gastos operativos más bajos que los fondos mutuos.

Otra ventaja de los ETFs es su eficiencia fiscal. Debido a que están estructurados de manera diferente a los fondos mutuos, los ETF son generalmente más eficientes desde el punto de vista fiscal, lo que puede ser beneficioso para los inversores que buscan minimizar su responsabilidad fiscal.

Al igual que los fondos mutuos, los ETF vienen en una variedad de tipos y categorías, incluidos ETF de acciones, ETF de bonos y ETF de sectores específicos. Cada tipo de ETF tiene su propio objetivo de inversión, estrategia y perfil de riesgo.

En general, los ETF pueden ser una buena opción para los inversores que buscan vehículos de inversión flexibles y de bajo coste que ofrezcan una amplia diversificación en diferentes clases de activos. Sin embargo, al igual que con cualquier inversión, es importante considerar cuidadosamente sus objetivos de inversión, tolerancia al riesgo y los costos asociados con la inversión antes de invertir en un ETF.

La Inversión Inmobiliaria

La inversión inmobiliaria implica la adquisición y propiedad de bienes físicos, como propiedades de alquiler, edificios comerciales o terrenos en bruto. Los bienes raíces pueden proporcionar un flujo constante de ingresos a través del alquiler y también pueden aumentar su valor con el tiempo.

Hay muchos tipos diferentes de inversiones inmobiliarias, entre ellas:

1. Propiedades residenciales: Esto puede incluir casas unifamiliares, dúplex, tríplex y edificios de apartamentos de unidades múltiples. Las propiedades residenciales se pueden alquilar a los inquilinos para obtener un flujo constante de ingresos.
2. Propiedades comerciales: Esto puede incluir edificios de oficinas, centros comerciales, almacenes y otros tipos de bienes raíces comerciales. Las propiedades comerciales generalmente se alquilan a empresas y pueden generar ingresos a través del alquiler.
3. Tierras sin desarrollar: Esto incluye tierras no desarrolladas que se pueden utilizar para una variedad de propósitos, como el

desarrollo residencial o comercial, la agricultura o la extracción de recursos.

4. REIT: Los Fideicomisos de Inversión en Bienes Raíces (REIT) son empresas que cotizan en bolsa que poseen, operan o financian propiedades inmobiliarias. Permiten a los inversores invertir en una cartera diversificada de propiedades inmobiliarias sin necesidad de comprar y gestionar ellos mismos la propiedad.
5. Crowdfunding inmobiliario: Se trata de una nueva forma de inversión inmobiliaria que permite a los inversores reunir su dinero para comprar y gestionar propiedades.

La inversión inmobiliaria puede ser una buena forma de obtener un rendimiento de su inversión a largo plazo, pero también conlleva cierto riesgo. El valor de los bienes raíces puede fluctuar según las condiciones del mercado local, y el costo de poseer y mantener una propiedad puede ser significativo. Además, las inversiones inmobiliarias pueden ser muy ilíquidas y pueden tardar en venderse.

Es importante recordar que la inversión inmobiliaria requiere una cantidad significativa de investigación, diligencia debida y un horizonte de inversión a largo plazo. También es importante tener una cartera bien diversificada y no poner todos los huevos en la misma cesta. Siempre es una buena idea consultar con un asesor financiero o un profesional de bienes raíces antes de tomar cualquier decisión de inversión.

Inversión En Materias Primas

Invertir en materias primas implica comprar y vender materias primas o productos primarios como metales preciosos, energía, productos agrícolas y metales industriales. Las materias primas son un activo físico que se puede comprar y vender en varios mercados, incluidos futuros, opciones y fondos cotizados en bolsa (ETF).

Hay varias razones por las que los inversores optan por invertir en materias primas. En primer lugar, las materias primas pueden ser una cobertura contra la inflación. A medida que aumentan los precios de los bienes y servicios, los precios de las materias primas también tienden a subir, lo que puede ayudar a compensar el impacto de la inflación en una cartera de inversiones. En segundo lugar, las materias primas pueden ofrecer diversificación, ya que tienden a tener una baja correlación con las acciones y los bonos, lo que significa que pueden ayudar a reducir el riesgo general de la cartera.

A la hora de invertir en materias primas, hay varias formas diferentes de obtener exposición a estos activos. Una forma es invertir directamente en el propio producto físico. Por ejemplo, los inversores pueden comprar y almacenar oro o plata físicos como reserva de valor. Sin embargo, esto puede ser costoso y requiere conocimientos especializados e instalaciones de almacenamiento.

Otra forma de invertir en materias primas es a través de contratos de futuros. Un contrato de futuros es un acuerdo para comprar o vender una materia prima específica a un precio y una fecha específicos en el futuro. Los contratos de futuros se negocian en bolsas, y los inversores pueden comprar y vender estos contratos para obtener exposición a la materia prima subyacente. Sin embargo, el comercio de futuros puede ser complejo e implica riesgos significativos, incluido el apalancamiento, que puede magnificar tanto las ganancias como las pérdidas.

Los fondos cotizados en bolsa (ETF) y las notas cotizadas en bolsa (ETN) son otra forma de invertir en materias primas. Estos vehículos de inversión rastrean el precio de una materia prima o grupo de materias primas en particular y se pueden comprar y vender como acciones en una bolsa. Los ETF y ETN pueden ofrecer una exposición conveniente y rentable a las materias primas, pero los inversores deben ser conscientes de las tarifas y los gastos asociados con estas inversiones.

Por último, los inversores también pueden invertir en acciones relacionadas con las materias primas, como empresas mineras o productores de energía. Estas empresas se dedican a la producción o extracción de materias primas, y su rendimiento suele estar ligado al precio de la materia prima subyacente. Sin embargo, estas inversiones también conllevan riesgos asociados a las acciones individuales, como los riesgos específicos de la empresa y la volatilidad del mercado.

En general, invertir en materias primas puede ofrecer diversificación y protección contra la inflación a una cartera de inversiones. Sin embargo, es importante que los inversores consideren cuidadosamente sus objetivos de inversión, su tolerancia al riesgo y los costes asociados a cada opción de inversión antes de invertir en materias primas. Además, los inversores deben ser conscientes de los riesgos y complejidades únicos asociados con la inversión en materias primas y deben buscar asesoramiento profesional si es necesario.

Los Futuros

Los futuros son un tipo de contrato financiero que obliga al comprador a comprar un activo subyacente, como una materia prima o un instrumento financiero, a un precio y una fecha predeterminados en el futuro. Los contratos de futuros se negocian en las bolsas y son utilizados por los inversores para especular sobre el precio futuro del activo subyacente, así como para protegerse contra la volatilidad de los precios.

Los contratos de futuros son acuerdos estandarizados que especifican la calidad, la cantidad y la fecha de entrega del activo subyacente. Por ejemplo, un contrato de futuros de petróleo crudo podría especificar que el comprador comprará 1.000 barriles de petróleo a un precio de 70 dólares por barril en una fecha específica en el futuro. El contrato también especificará la calidad del aceite, así como la gravedad del API y el contenido de azufre.

Una de las principales ventajas del trading de futuros es el apalancamiento. Debido a que los contratos de futuros requieren solo una pequeña fracción del valor del activo subyacente como margen, los inversores pueden controlar una gran cantidad del activo con una inversión relativamente pequeña. Este apalancamiento puede amplificar tanto las ganancias como las pérdidas, por lo que el trading de futuros implica un alto grado de riesgo.

Los contratos de futuros se pueden utilizar tanto con fines especulativos como de cobertura. Los especuladores utilizan los contratos de futuros para apostar sobre la dirección futura de los precios, con la esperanza de beneficiarse de las fluctuaciones de los precios. Los hedgers utilizan contratos de futuros para fijar el precio de una materia prima o instrumento financiero, lo que reduce su exposición a la volatilidad de los precios.

El comercio de futuros generalmente se realiza a través de un corredor, que actúa como intermediario entre el comprador y el vendedor del contrato. El corredor cobra una comisión por sus servicios, así como otras tarifas y gastos asociados con el comercio de futuros.

Una de las características únicas del comercio de futuros es que los contratos se valoran a diario en el mercado. Esto significa que las ganancias y pérdidas del contrato se liquidan diariamente, y las ganancias o pérdidas se suman o restan del saldo de la cuenta del inversor. Este proceso de liquidación diario ayuda a minimizar el riesgo de incumplimiento por parte de cualquiera de las partes del contrato.

En general, el trading de futuros puede ser una herramienta útil para los inversores que buscan especular sobre el precio futuro de las materias primas o instrumentos financieros, así como para los hedgers que buscan gestionar su exposición a la volatilidad de los precios. Sin embargo, el comercio de futuros implica un alto grado de riesgo y requiere conocimientos y experiencia especializados. Los inversores deben considerar cuidadosamente sus objetivos de inversión, su tolerancia al riesgo y los costos asociados con el comercio de futuros antes de invertir en este mercado.

Parte 2: Interés en Invertir

En finanzas, el interés es el costo de pedir dinero prestado o el rendimiento del capital invertido. Los intereses se pueden calcular como un porcentaje del monto principal prestado o invertido, y generalmente se expresan como una tasa porcentual anual (APR).

Cuando inviertes dinero, puedes ganar intereses sobre tu inversión. Se trata de un rendimiento de su inversión que le paga el emisor del instrumento de inversión, como un bono o una cuenta de ahorros. La tasa de interés de una inversión también depende de varios factores, incluida la solvencia del emisor, la duración del plazo de inversión y las condiciones del mercado.

Las tasas de interés son un aspecto importante de las finanzas porque afectan el costo de los préstamos y el rendimiento de la inversión. También pueden afectar la salud general de la economía. Por ejemplo, las tasas de interés bajas pueden estimular el crecimiento económico al alentar el endeudamiento y el gasto, mientras que las tasas de interés altas pueden desacelerar el crecimiento económico al encarecer los préstamos.

La ganancia de intereses se refiere al rendimiento o beneficio obtenido de una inversión durante un cierto período de tiempo. Cuando depositas dinero en una cuenta que devenga intereses, como una cuenta de ahorros, esencialmente estás prestando tu dinero al banco o institución financiera. A cambio, el banco le paga intereses sobre su depósito.

La tasa de interés de su depósito generalmente está determinada por varios factores, como las condiciones actuales del mercado, el tipo de cuenta, la duración del plazo de inversión y la cantidad de dinero que está depositando. Las tasas de interés pueden ser fijas, lo que significa que permanecen iguales durante todo el plazo de la inversión, o variables, lo que significa que pueden cambiar con el tiempo en función de las condiciones del mercado.

Los intereses que gana sobre su depósito generalmente se calculan utilizando una tasa de porcentaje anual (APR), qué es el porcentaje de su saldo que el banco le paga como interés durante un año. Por ejemplo, si tienes $10,000 depositados en una cuenta de ahorros con una APR del 2%, ganarías $200 en intereses en el transcurso de un año.

La cantidad de intereses que gana en su depósito también se puede capitalizar, lo que significa que los intereses se agregan al saldo de su cuenta y luego ganan intereses sobre ese nuevo saldo. La capitalización puede aumentar el retorno total de su inversión con el tiempo, especialmente si puede mantener su dinero en la cuenta durante un largo período de tiempo.

En general, ganar intereses es una forma de generar ingresos pasivos a partir de tus ahorros o inversiones. Puede ser una forma relativamente de bajo riesgo de obtener un rendimiento de su dinero, pero es importante tener en cuenta la tasa de interés, las tarifas y otros factores al elegir una cuenta o inversión que devenga intereses.

Las tasas de interés son el costo de pedir prestado o el rendimiento de prestar dinero. Por lo general, se expresan como un porcentaje del monto principal y se cobran o ganan durante un período de tiempo específico, generalmente anualmente. Las tasas de interés son una herramienta importante utilizada por los bancos centrales para influir en la economía al afectar el costo de los préstamos, el gasto y la inversión.

Las tasas de interés se pueden clasificar en varias categorías según el tipo de tasa de interés, la duración del plazo del préstamo y el método de cálculo. Algunos tipos comunes de tasas de interés incluyen:

1. Tasas de interés fijas: Estas son tasas de interés que permanecen iguales durante toda la duración del préstamo o plazo de inversión. Las tasas de interés fijas se usan comúnmente en hipotecas, préstamos personales y bonos.
2. Tasas de interés variables: Son tasas de interés que fluctúan con el tiempo en función de las condiciones del mercado. Las tasas de interés variables se usan comúnmente en hipotecas de tasa ajustable, tarjetas de crédito y algunos tipos de cuentas de ahorro.

3. Tasas de interés preferenciales: Son las tasas de interés que los bancos comerciales cobran a sus clientes más solventes. La tasa preferencial generalmente se usa como referencia para otros tipos de préstamos y tasas de interés.
4. Tasa de fondos federales: Esta es la tasa de interés a la que los bancos comerciales se prestan entre sí durante un día para cumplir con sus requisitos de reserva. El Banco de la Reserva Federal utiliza la tasa de fondos federales como una herramienta para influir en la economía mediante el ajuste de la oferta monetaria y el control de la inflación.
5. Tasa porcentaje anual (APR, por sus siglas en inglés): Este es el costo total del préstamo, incluyendo tanto la tasa de interés como cualquier cargo asociado con el préstamo. La APR se utiliza para comparar el costo de diferentes tipos de préstamos y tarjetas de crédito.

Las tasas de interés pueden tener un impacto significativo en la economía, afectando el gasto de los consumidores, la inversión empresarial y la inflación. Cuando las tasas de interés son bajas, pedir prestado se vuelve más barato, lo que puede estimular el gasto y la inversión. Sin embargo, las tasas de interés bajas también pueden conducir a la inflación y a burbujas de activos. Por el contrario, las tasas de interés altas pueden ralentizar el crecimiento económico y el endeudamiento, pero también pueden ayudar a controlar la inflación. El equilibrio de las tasas de interés es un factor importante en la política macroeconómica y en la toma de decisiones financieras.

La Tasa de Porcentaje Anual (APR, por sus siglas en inglés) típica para ganar intereses y las tasas de interés regulares pueden variar dependiendo del tipo de cuenta, inversión o préstamo que se esté considerando, así como de las condiciones del mercado, los factores económicos y la solvencia del emisor.

Para ganar intereses, la APR puede variar ampliamente según el tipo de cuenta e institución financiera. Por ejemplo, una cuenta de ahorros de alto rendimiento puede ofrecer una APR del 1.50% o más, mientras que una cuenta de ahorros tradicional puede ofrecer una APR del 0.10% o menos. Los certificados de depósito (CD) suelen ofrecer tasas de interés más altas que las cuentas de ahorro, con tasas que van del 0.50% a 2.50% o más, dependiendo del plazo y del emisor.

Es importante tener en cuenta que las tasas de interés pueden cambiar con el tiempo según diversos factores, por lo que siempre es buena idea comparar tasas de múltiples emisores y buscar la mejor oferta. Además, la APR es solo uno de los factores a considerar al evaluar un producto financiero; también deben tenerse en cuenta otros aspectos como comisiones, penalidades y condiciones de reembolso.

Las tasas de interés pueden encontrarse en muchas áreas diferentes de las finanzas personales y la inversión. Algunos ejemplos comunes donde se pueden encontrar tasas de interés incluyen:

- **Cuentas de ahorro**: Cuando depositas dinero en una cuenta de ahorro, el banco o institución financiera puede pagar intereses sobre tu saldo.

- **Certificados de depósito (CD)**: Los CD son un tipo de inversión que te permite ganar intereses sobre tu depósito durante un período de tiempo fijo.

- **Bonos**: Los bonos son una inversión de renta fija que paga intereses a los inversionistas durante la vida del bono.

- **Hipotecas**: Cuando obtienes una hipoteca para comprar una vivienda, se te cobra interés sobre el monto prestado.

- **Préstamos para automóviles**: Si financias la compra de un automóvil, se te cobrará interés sobre el monto del préstamo.

- **Tarjetas de crédito**: Las tarjetas de crédito cobran intereses sobre los saldos que no se pagan en su totalidad antes de la fecha de vencimiento.

- **Préstamos personales**: Si obtienes un préstamo personal, se te cobrará interés sobre el monto del préstamo.

- **Préstamos estudiantiles**: Los préstamos estudiantiles cobran intereses sobre el monto prestado para financiar los gastos educativos.

Además de estos productos financieros específicos, las tasas de interés también pueden encontrarse en la economía en general, como las tasas establecidas por los bancos centrales, que pueden influir en el costo del endeudamiento y el gasto tanto para empresas como para individuos.

Si bien las tasas de interés pueden ser una herramienta útil para gestionar las finanzas personales y las inversiones, también existen varios riesgos y desventajas asociadas con ellas que los individuos deben conocer. Algunos de estos riesgos incluyen:

- **Las tasas de interés altas pueden llevar al endeudamiento**: Cuando las tasas de interés son altas, pedir dinero prestado se vuelve más caro y las personas pueden endeudarse más allá de su capacidad de pago.

- **Las tasas de interés variables pueden ser impredecibles**: Cuando las tasas de interés son variables, pueden ser difíciles de prever, lo que complica la planificación financiera para prestatarios e inversionistas.

- **Las tasas de interés bajas pueden afectar el ahorro**: Cuando las tasas son bajas, los rendimientos de las cuentas de ahorro, los CD y otras inversiones pueden no superar la inflación, lo que puede erosionar el valor del ahorro con el tiempo.

- **Las tasas de interés pueden estar influenciadas por factores externos**: Factores como cambios en la economía, decisiones de política monetaria de los bancos centrales y eventos geopolíticos pueden afectar las tasas de interés y son difíciles de prever.

- **Las tasas de interés pueden implicar comisiones y penalidades**: Además del interés que se cobra por préstamos y créditos, los prestatarios pueden enfrentar comisiones y penalizaciones por pagos atrasados, impagos u otras faltas, lo que aumenta el costo total del préstamo.

- **Las tasas de interés pueden utilizarse para manipular los mercados financieros**: En algunos casos, las tasas pueden ser utilizadas para influir o manipular los mercados financieros, lo que genera un entorno volátil e impredecible tanto para inversionistas como para prestatarios.

En general, es importante que las personas consideren cuidadosamente los riesgos y beneficios de las tasas de interés antes de tomar decisiones financieras. Al comprender cómo funcionan las tasas de interés y los posibles inconvenientes que implican, los individuos pueden tomar decisiones más informadas sobre sus finanzas personales e inversiones.

Part 3: Positive Collections

En finanzas, una colección positiva se refiere a un grupo de activos financieros que han sido seleccionados por tener un rendimiento esperado positivo. Estos activos pueden incluir acciones, bonos, bienes raíces u otras inversiones. El término se utiliza a menudo en contraste con una colección negativa, que consistiría en activos financieros con un rendimiento esperado negativo o que se consideran riesgosos.

Por ejemplo, una colección positiva de acciones podría incluir empresas que se espera que tengan un buen desempeño en el futuro, como aquellas con finanzas sólidas, buenos equipos de gestión y un historial de crecimiento. En cambio, una colección negativa podría incluir empresas con dificultades financieras, mala gestión o que enfrentan obstáculos en su industria.

En cuanto a la gestión de carteras, las colecciones positivas se utilizan como una forma de identificar las inversiones más prometedoras y crear una cartera diversificada que maximice los rendimientos y minimice los riesgos. Esto se logra mediante herramientas de análisis y estrategias de inversión que se enfocan en características específicas de los activos, como fundamentos sólidos, baja volatilidad o altos rendimientos por dividendos.

Además, las colecciones positivas también se utilizan en el ámbito de la gestión del riesgo crediticio, donde una colección positiva hace referencia a los clientes o prestatarios con buen historial crediticio y que se espera que cumplan con el pago de sus deudas.

En general, en finanzas, una colección positiva se refiere a un conjunto de activos financieros seleccionados por tener un rendimiento esperado positivo y ser percibidos como de menor riesgo, mientras que una colección negativa sería lo contrario.

Existen muchos tipos de empresas que podrían considerarse parte de colecciones positivas. Algunos ejemplos incluyen:

- Empresas blue chip: Son grandes empresas consolidadas con finanzas sólidas, historial de crecimiento estable y reputación de estabilidad y fiabilidad. Ejemplos: Coca-Cola, IBM, Johnson &

Johnson.

- Empresas de crecimiento: Empresas que se espera experimenten un fuerte crecimiento futuro, generalmente gracias a nuevos productos, servicios o mercados emergentes. Ejemplos: Amazon, Netflix, Tesla.

- Empresas que pagan dividendos: Empresas con historial de pago de dividendos a sus accionistas, lo que proporciona ingresos constantes a los inversionistas. Ejemplos: AT&T, Procter & Gamble, Walmart.

- Empresas de baja volatilidad: Empresas cuyos precios de acciones presentan poca variación, ofreciendo así retornos más estables. Ejemplos comunes incluyen compañías de productos básicos de consumo, servicios públicos o bienes raíces.

- Empresas en sectores defensivos: Empresas que operan en industrias menos afectadas por recesiones económicas, como el consumo básico y la salud. Ejemplos: Nestlé, Johnson & Johnson, Procter & Gamble.

- Empresas con marcas fuertes: Empresas con una reputación sólida y marcas reconocidas, lo que ayuda a atraer clientes y fomentar la lealtad. Ejemplos: Apple, Nike, Coca-Cola.

Es importante tener en cuenta que estos son solo algunos ejemplos, y que las características que hacen que una empresa forme parte de una colección positiva pueden cambiar con el tiempo y variar según las condiciones del mercado y del sector.

Empresas Blue Chip

Las empresas blue chip son compañías grandes y bien establecidas que tienen un sólido desempeño financiero, un largo historial de crecimiento constante y una reputación de estabilidad y fiabilidad. Estas empresas se consideran entre las más seguras y rentables dentro de sus respectivas industrias y forman parte de lo que se denomina una colección positiva en el mercado bursátil.

Algunas de las características que definen a una empresa blue chip incluyen:

- Finanzas sólidas: Las empresas blue chip suelen tener un balance general fuerte, con altos niveles de liquidez y bajos niveles de deuda. Esto les permite estar bien posicionadas para soportar crisis económicas y seguir creciendo a largo plazo.

- Historial de crecimiento constante: Estas compañías cuentan con un largo historial de crecimiento sostenido en ingresos, utilidades y participación de mercado, lo cual brinda seguridad a los inversionistas sobre su desempeño futuro.

- Fuentes de ingresos diversificadas: Las empresas blue chip suelen contar con múltiples líneas de negocio o productos, lo que ayuda a reducir el riesgo si una unidad o producto en particular enfrenta dificultades.

- Reputación de marca: Estas empresas poseen una marca fuerte y reconocida, lo que les permite atraer y retener clientes con mayor facilidad, generando lealtad.

Ejemplos de empresas blue chip incluyen: Coca-Cola, IBM, Johnson & Johnson, Procter & Gamble, McDonald's y Wal-Mart. Estas compañías se consideran algunas de las más sólidas y rentables dentro de sus sectores, y con frecuencia están incluidas en índices bursátiles como el S&P 500 y el Dow Jones Industrial Average.

Es importante destacar que, aunque las empresas blue chip generalmente se consideran inversiones seguras, no están exentas de las fluctuaciones del mercado, y sus precios pueden verse afectados por recesiones económicas o cambios en la industria.

Empresas que Pagan Dividendos

Las empresas que pagan dividendos son aquellas que tienen un historial de distribución de dividendos a sus accionistas, lo que puede proporcionar una fuente constante de ingresos para los inversionistas. Los dividendos son una porción de las ganancias de una empresa que se distribuye regularmente a los accionistas, generalmente de forma trimestral. Estas empresas se consideran parte de la colección positiva en el mercado bursátil.

Algunas de las características que definen a una empresa que paga dividendos incluyen:

- Finanzas sólidas: Para pagar dividendos, una empresa debe tener un desempeño financiero sólido y suficiente flujo de efectivo para cubrir estos pagos.

- Historial de pago de dividendos: Estas empresas cuentan con un historial comprobado de distribución de dividendos a lo largo del tiempo.

- Consistencia en los pagos: Suelen tener una historia consistente de pagos, y es menos probable que recorten los dividendos.

- Fuentes de ingresos diversificadas: Muchas de estas empresas tienen fuentes de ingresos diversificadas, lo que ayuda a reducir el riesgo si alguna unidad de negocio o producto sufre una caída.

Ejemplos de empresas que pagan dividendos incluyen: AT&T, Procter & Gamble, Wal-Mart, Johnson & Johnson y Coca-Cola. Estas compañías se consideran entre las más financieramente estables y rentables dentro de sus respectivas industrias, y suelen estar incluidas en índices bursátiles como el S&P 500 y el Dow Jones Industrial Average.

Es importante señalar que, aunque las empresas que pagan dividendos suelen considerarse inversiones seguras, no están exentas de las fluctuaciones del mercado. El precio de sus acciones puede verse afectado por recesiones económicas o cambios en su sector. Además, los dividendos no están garantizados, y la empresa puede modificar o suspender su pago en el futuro.

Parte 4: Cryptocurrency

La criptomoneda es una moneda digital o virtual que utiliza criptografía para su seguridad y opera independientemente de un banco central. Las criptomonedas utilizan la tecnología blockchain, que es un libro mayor descentralizado que registra todas las transacciones de manera transparente e inmutable.

A diferencia de las monedas tradicionales, que están respaldadas por gobiernos u otras instituciones financieras, las criptomonedas se basan en algoritmos complejos y técnicas criptográficas para garantizar la integridad y seguridad de sus transacciones. Tampoco están sujetas a regulación gubernamental, lo que permite un mayor anonimato y descentralización.

La criptomoneda más conocida es Bitcoin, que fue creada en 2009 por una persona o grupo anónimo usando el seudónimo Satoshi Nakamoto. Desde entonces, han surgido miles de otras criptomonedas, incluyendo Ethereum, Litecoin y Ripple, entre otras.

Las criptomonedas suelen comprarse y venderse en exchanges de criptomonedas, donde los usuarios pueden intercambiar una criptomoneda por otra o cambiar criptomonedas por monedas fiduciarias tradicionales como el dólar estadounidense o el euro. Las criptomonedas también pueden usarse para comprar bienes y servicios de comerciantes que las aceptan como forma de pago.

A pesar de sus beneficios potenciales, como mayor seguridad, privacidad y accesibilidad, las criptomonedas también enfrentan desafíos significativos, incluyendo la volatilidad del mercado, riesgos de seguridad y la incertidumbre regulatoria. Como resultado, los inversionistas y las empresas que consideren utilizar criptomonedas deben evaluar cuidadosamente los riesgos y beneficios potenciales antes de realizar cualquier inversión o transacción.

1. Algunas criptomonedas populares incluyen:

2. Bitcoin (BTC) - Considerada la primera y más popular criptomoneda, Bitcoin está valorada en más de $40,000 por moneda en septiembre de 2021.

3. Ethereum (ETH) - Ethereum es la segunda criptomoneda más grande por capitalización de mercado y está valorada en más de $3,000 por moneda en septiembre de 2021.

4. Binance Coin (BNB) - Binance Coin es el token nativo del exchange Binance y está valorado en más de $300 por moneda en septiembre de 2021.

5. Cardano (ADA) - Cardano es una criptomoneda de tercera generación que busca resolver problemas de escalabilidad y sostenibilidad. Está valorada en más de $2 por moneda en septiembre de 2021.

6. Dogecoin (DOGE) - Dogecoin es una criptomoneda basada en memes que fue creada como una broma pero obtuvo un seguimiento de culto. Está valorada en más de $0.20 por moneda en septiembre de 2021.

7. XRP (XRP) - XRP es una criptomoneda creada por la empresa fintech Ripple y está valorada en más de $1 por moneda en septiembre de 2021.

8. Solana (SOL) - Solana es una plataforma blockchain rápida y escalable que soporta aplicaciones descentralizadas. Está valorada en más de $150 por moneda en septiembre de 2021.

9. Polkadot (DOT) - Polkadot es una plataforma blockchain que busca permitir la interoperabilidad entre diferentes block chains. Está valorada en más de $30 por moneda en septiembre de 2021.

10. Chainlink (LINK) - Chainlink es una red de oráculos descentralizada que conecta contratos inteligentes con fuentes de datos externas. Está valorada en más de $30 por moneda en septiembre de 2021.

11. Litecoin (LTC) - Litecoin es una criptomoneda peer-to-peer que fue creada como una alternativa más rápida y escalable a Bitcoin. Está valorada en más de $150 por moneda en septiembre de 2021.

Invertir en criptomonedas, como cualquier inversión, conlleva riesgos inherentes e incertidumbres. Las criptomonedas son conocidas por su volatilidad, y su valor puede fluctuar rápidamente en un corto período de tiempo. También es importante señalar que el mercado de criptomonedas aún es relativamente nuevo y en gran parte no está regulado, lo que añade incertidumbre.

Si bien algunos inversionistas han obtenido ganancias significativas al invertir en criptomonedas, otros han experimentado pérdidas considerables. Como con cualquier inversión, es importante hacer tu propia investigación, entender los riesgos involucrados y tomar una decisión informada basada en tus objetivos financieros, tolerancia al riesgo y estrategia de inversión. También se recomienda consultar con un asesor financiero antes de tomar cualquier decisión de inversión.

En última instancia, si invertir en criptomonedas es financieramente sensato o no depende de una variedad de factores, incluyendo las condiciones del mercado, las tendencias económicas globales y los objetivos individuales de inversión y tolerancia al riesgo.

Comenzar con las criptomonedas puede parecer abrumador, pero es relativamente sencillo. Aquí hay algunos pasos básicos para ayudarte a comenzar:

1. Elige un exchange de criptomonedas: El primer paso es elegir un exchange de criptomonedas confiable que admita las

criptomonedas que deseas comprar. Ejemplos de exchanges populares incluyen Coinbase, Binance y Kraken.

2. Crea una cuenta: Una vez que hayas seleccionado un exchange, crea una cuenta proporcionando tu información personal y completando el proceso de verificación, que normalmente implica subir una identificación emitida por el gobierno y un comprobante de domicilio.

3. Financia tu cuenta: Luego, deberás financiar tu cuenta depositando fondos mediante transferencia bancaria o tarjeta de crédito/débito.

4. Compra criptomonedas: Una vez que hayas financiado tu cuenta, puedes comprar criptomonedas seleccionando la criptomoneda que deseas adquirir y especificando el monto que deseas gastar.

5. Almacena tus criptomonedas: Después de haber comprado criptomonedas, puedes almacenarlas en una billetera digital. Una billetera es una solución segura de almacenamiento digital para tus criptomonedas. Ejemplos de billeteras populares incluyen Ledger, Trezor y MetaMask.

Es importante señalar que invertir en criptomonedas conlleva riesgos e incertidumbres, y es importante hacer tu propia investigación, entender los riesgos involucrados y tomar una decisión informada basada en tus objetivos financieros, tolerancia al riesgo y estrategia de inversión. También se recomienda consultar con un asesor financiero antes de tomar cualquier decisión de inversión.

Parte 5: IA

La inteligencia artificial (IA) se refiere al desarrollo de sistemas informáticos que pueden realizar tareas que normalmente requieren inteligencia humana, como la percepción visual, el reconocimiento del habla, la toma de decisiones y la traducción de idiomas. Los sistemas de IA utilizan algoritmos y modelos matemáticos para analizar datos, aprender de patrones y hacer predicciones o tomar decisiones basadas en esos datos.

La IA es un campo amplio que abarca muchas subdisciplinas, incluyendo el aprendizaje automático, el procesamiento del lenguaje natural, la visión por computadora, la robótica y la computación cognitiva. Estas diferentes áreas de la IA están diseñadas para resolver distintos problemas y alcanzar distintos objetivos.

El aprendizaje automático es quizás la subdisciplina más conocida de la IA, y consiste en entrenar sistemas informáticos para reconocer patrones en los datos y hacer predicciones o tomar decisiones basadas en esos patrones. Esto se logra mediante el uso de algoritmos entrenados con grandes cantidades de datos, los cuales pueden adaptarse o mejorarse con el tiempo a medida que hay más datos disponibles.

El procesamiento del lenguaje natural (PLN) es otra área importante de la IA, que consiste en enseñar a las computadoras a entender y responder al lenguaje humano. El PLN se utiliza en aplicaciones como chatbots, asistentes de voz y sistemas de traducción automatizada.

La visión por computadora es otra subdisciplina de la IA que se enfoca en permitir que las máquinas interpreten y comprendan información visual, como imágenes y videos. Esto se utiliza en aplicaciones como el reconocimiento facial, la detección de objetos y los autos autónomos.

En general, la IA es un campo de rápido crecimiento con un potencial significativo para transformar muchos aspectos de nuestras vidas, desde la atención médica y la educación hasta el transporte y el entretenimiento.

La IA tiene una amplia gama de usos en muchas industrias y sectores diferentes, incluyendo la salud, las finanzas, la manufactura, el comercio minorista, el transporte y el entretenimiento. Aquí hay algunos de los usos más comunes de la IA:

1. Automatización: La IA se utiliza para automatizar tareas repetitivas o mundanas, como la entrada de datos, el procesamiento y el análisis. Esto ayuda a mejorar la eficiencia y reducir errores, permitiendo que los trabajadores humanos se enfoquen en tareas más complejas o creativas.

2. Personalización: La IA se utiliza para personalizar las experiencias de los clientes, como recomendar productos o servicios basados en comportamientos o preferencias anteriores. Esto ayuda a mejorar la satisfacción y fidelidad del cliente.

3. Toma de decisiones: La IA se utiliza para tomar decisiones mejores y más rápidas, basadas en datos y patrones. Esto es particularmente útil en áreas como las finanzas y la salud, donde las decisiones pueden tener consecuencias significativas.

4. Mantenimiento predictivo: La IA se utiliza para predecir cuándo es probable que falle un equipo o maquinaria, lo que permite realizar mantenimiento preventivo antes de que ocurra el problema. Esto ayuda a reducir el tiempo de inactividad y los costos de mantenimiento.

5. Diagnóstico y tratamiento médico: La IA se utiliza para analizar datos médicos, como radiografías e imágenes médicas, para ayudar en decisiones de diagnóstico y tratamiento. Esto ayuda a mejorar la precisión y acelerar el proceso de diagnóstico.

6. Detección de fraudes: La IA se utiliza para detectar y prevenir fraudes, como en transacciones con tarjetas de crédito o reclamaciones de seguros. Esto ayuda a reducir pérdidas y proteger contra actividades fraudulentas.

7. Sistemas autónomos: La IA se utiliza para impulsar sistemas autónomos, como autos autónomos y drones. Esto permite una mayor eficiencia, seguridad y precisión en estos sistemas.

8. Procesamiento del lenguaje natural: La IA se utiliza para analizar y responder al lenguaje humano, lo que permite aplicaciones como asistentes de voz y chatbots.

En general, la IA tiene el potencial de transformar muchos aspectos de nuestras vidas, desde mejorar la eficiencia y precisión en nuestro trabajo hasta mejorar la forma en que interactuamos con la tecnología y entre nosotros.

Si bien la IA tiene muchos beneficios, también existen posibles inconvenientes que deben considerarse. Aquí hay algunos de los principales inconvenientes de la IA:

1. Sesgo: Los sistemas de IA solo son tan buenos como los datos con los que se entrenan, y si los datos están sesgados o incompletos, entonces el sistema de IA puede producir resultados sesgados o incompletos. Esto puede tener consecuencias graves, particularmente en áreas como la justicia penal o las decisiones de contratación.

2. Desplazamiento laboral: A medida que los sistemas de IA se vuelven más avanzados, tienen el potencial de reemplazar a los trabajadores humanos en ciertas tareas o industrias. Esto podría

llevar al desplazamiento laboral y a una mayor brecha de ingresos.

3. Preocupaciones de privacidad: Los sistemas de IA a menudo requieren acceso a grandes cantidades de datos para aprender y mejorar. Esto puede generar preocupaciones de privacidad, especialmente si los datos incluyen información sensible como historiales médicos o información financiera personal.

4. Riesgos de seguridad: Los sistemas de IA también pueden ser vulnerables a brechas de seguridad, lo que podría permitir el acceso o la manipulación de datos sensibles.

5. Falta de transparencia: Los sistemas de IA pueden ser difíciles de entender o interpretar, particularmente si utilizan algoritmos complejos o técnicas de aprendizaje automático. Esta falta de transparencia puede dificultar la identificación y corrección de sesgos o errores en el sistema.

6. Dependencia excesiva de la tecnología: Los sistemas de IA no son infalibles, y si las personas dependen demasiado de ellos, esto podría llevar a la complacencia o a la falta de habilidades de pensamiento crítico.

En general, es importante abordar el desarrollo y la implementación de los sistemas de IA con precaución, y enfrentar cualquier posible inconveniente o riesgo de manera reflexiva y proactiva. Esto puede ayudar a garantizar que se maximicen los beneficios de la IA mientras se minimizan las consecuencias negativas.

La IA tiene muchos usos en la industria financiera, donde se utiliza para mejorar la eficiencia, la precisión y la experiencia del cliente. Aquí hay algunos de los principales usos de la IA en finanzas:

1. Detección de fraudes: La IA se utiliza para detectar y prevenir fraudes, particularmente en áreas como transacciones con tarjetas de crédito o reclamaciones de seguros. Los algoritmos de IA pueden analizar rápidamente grandes cantidades de datos para identificar cualquier actividad sospechosa y alertar a las instituciones financieras sobre posibles fraudes.

2. Análisis de inversiones: La IA se utiliza para analizar y predecir tendencias del mercado, permitiendo que las instituciones financieras tomen decisiones de inversión más informadas. Esto puede incluir el análisis de datos de mercado pasados, artículos de noticias y publicaciones en redes sociales para identificar posibles oportunidades de inversión.

3. Gestión de riesgos: La IA se utiliza para gestionar el riesgo en transacciones financieras e inversiones. Los algoritmos de IA pueden analizar rápidamente factores de riesgo como puntajes crediticios, historial de préstamos y tendencias del mercado para determinar la probabilidad de incumplimiento u otros riesgos.

4. Atención al cliente: La IA se utiliza para mejorar el servicio al cliente en finanzas, especialmente mediante el uso de chatbots y asistentes virtuales. Esto permite que los clientes accedan rápida y fácilmente a información sobre sus cuentas o productos financieros.

5. Recomendaciones personalizadas: La IA se utiliza para proporcionar asesoramiento financiero y recomendaciones personalizadas a los clientes. Esto puede incluir la recomendación de opciones de inversión o productos financieros basados en el comportamiento y las preferencias pasadas del cliente.

6. Cumplimiento normativo: La IA se utiliza para garantizar el cumplimiento de los requisitos regulatorios en finanzas, especialmente en áreas como la lucha contra el lavado de dinero y las regulaciones de conocimiento del cliente. Los algoritmos de IA pueden analizar rápidamente grandes cantidades de datos para identificar cualquier posible problema de cumplimiento.

En general, la IA tiene el potencial de transformar muchos aspectos de la industria financiera, desde mejorar la eficiencia y precisión hasta mejorar la experiencia del cliente y reducir el fraude.

Sí, alguien podría utilizar la IA para gestionar sus finanzas personales. Ya existen muchas herramientas y aplicaciones impulsadas por IA disponibles que pueden ayudar a las personas a gestionar sus finanzas de manera más efectiva. Estas herramientas pueden ofrecer una variedad de funciones, como asistencia para presupuestos, asesoramiento de inversiones y recomendaciones personalizadas.

Aquí hay algunas formas en que se puede usar la IA para gestionar las finanzas personales:

1. Presupuestación: Las herramientas de presupuestos impulsadas por IA pueden analizar los hábitos de gasto e ingresos para ayudar a las personas a crear un presupuesto personalizado. Estas herramientas también pueden proporcionar alertas y recordatorios para ayudar a mantenerse dentro del presupuesto.

2. Asesoramiento de inversiones: Las plataformas de inversión con IA pueden analizar tendencias del mercado y factores de riesgo para proporcionar asesoramiento de inversión personalizado. Estas plataformas también pueden monitorear carteras y hacer ajustes según las condiciones del mercado.

3. Monitoreo de puntaje crediticio: Las herramientas de monitoreo de puntaje crediticio impulsadas por IA pueden proporcionar actualizaciones en tiempo real sobre los puntajes y alertas sobre cualquier cambio o posible fraude.

4. Recomendaciones personalizadas: Las aplicaciones de finanzas personales con IA pueden proporcionar recomendaciones personalizadas para productos financieros como tarjetas de crédito, préstamos y cuentas de ahorro basadas en el comportamiento y las preferencias pasadas de una persona.

5. Seguimiento de gastos: Las herramientas de seguimiento de gastos impulsadas por IA pueden categorizar automáticamente los gastos y proporcionar información sobre los patrones de consumo. Esto puede ayudar a las personas a identificar áreas donde pueden reducir gastos y ahorrar dinero.

En general, la IA puede ser una herramienta poderosa para gestionar las finanzas personales, proporcionando recomendaciones e información personalizadas que pueden ayudar a las personas a tomar decisiones financieras más informadas.

Invertir en IA (inteligencia artificial) puede ser potencialmente una buena idea, ya que la IA es un campo en rápido crecimiento y evolución que está transformando muchas industrias. La IA tiene el potencial de mejorar la eficiencia, la productividad y la toma de decisiones en una variedad de sectores, incluyendo la salud, las finanzas, la manufactura y el transporte.

Hay varias formas de invertir en IA, incluyendo la compra de acciones individuales de empresas involucradas en el desarrollo de IA, invertir en fondos mutuos o ETFs centrados en IA, o invertir en startups que están desarrollando soluciones innovadoras de IA.

Sin embargo, es importante tener en cuenta que invertir en IA no está exento de riesgos. Como con cualquier inversión, no hay garantía de retorno, y las empresas de IA pueden enfrentar desafíos como obstáculos regulatorios, barreras tecnológicas o competencia de otros actores del mercado. Es importante realizar una investigación exhaustiva, evaluar los riesgos y las posibles recompensas, e invertir con una perspectiva a largo plazo.

Además, invertir en IA requiere conocimientos y experiencia especializados, por lo que puede no ser adecuado para todos los inversionistas. Antes de tomar cualquier decisión de inversión, es importante consultar con un asesor financiero y considerar cuidadosamente tus objetivos de inversión, tolerancia al riesgo y situación financiera.

Parte 6: NFTs

Los NFTs (Tokens No Fungibles) son activos digitales que representan la propiedad de objetos únicos como obras de arte, música, videos u otro contenido digital. A diferencia de las criptomonedas como Bitcoin o Ethereum, que son fungibles, lo que significa que una unidad puede ser intercambiada por otra idéntica, cada NFT es único y representa un activo digital específico.

Los NFTs se crean utilizando tecnología blockchain, que permite la creación de un libro mayor digital descentralizado que registra la propiedad y el historial de transacciones de cada NFT. Esto hace posible verificar la autenticidad y propiedad de cada activo digital representado por un NFT.

Los NFTs han ganado popularidad en el mundo del arte como una forma para que los artistas vendan su trabajo directamente a coleccionistas sin la necesidad de intermediarios como galerías o casas de subastas. También se han utilizado en la industria musical para representar la propiedad de archivos de música digital o derechos de transmisión.

El valor de un NFT está determinado por varios factores, como la rareza del activo digital, la popularidad del creador y la demanda de los coleccionistas. Algunos NFTs se han vendido por millones de dólares, convirtiéndolos en una oportunidad de inversión potencialmente lucrativa.

Sin embargo, también existen preocupaciones sobre el impacto ambiental de los NFTs debido al consumo significativo de energía requerido por la tecnología blockchain. Además, hay preocupaciones sobre el potencial de fraude y la falta de regulación en el mercado de NFTs.

Para crear un NFT, necesitarás seguir estos pasos básicos:

1. Elige una blockchain: Los NFTs se crean utilizando tecnología blockchain, por lo que necesitarás elegir una blockchain que soporte NFTs. Ethereum es actualmente la blockchain más popular para crear NFTs.

2. Crea un activo digital: Necesitarás crear un activo digital único que quieras representar con un NFT. Esto podría ser una obra de arte, música, video, o cualquier otro contenido digital.

3. Emite el NFT: Una vez que hayas creado el activo digital, necesitarás usar una plataforma de software o servicio que te permita emitir el NFT. Emitir un NFT implica registrar el activo digital en la blockchain elegida y crear un token único que represente la propiedad del activo. Este proceso típicamente implica configurar parámetros como el nombre del NFT, la

cantidad total de NFTs, y la tarifa de regalías que el creador recibirá por futuras reventas.

4. Pon el NFT a la venta: Después de emitir el NFT, puedes ponerlo a la venta en un mercado especializado en NFTs, como OpenSea, Rarible, o SuperRare. Alternativamente, puedes vender el NFT de forma privada o a través de una subasta.

5. Transfiere la propiedad: Una vez que el NFT se vende, la propiedad del activo digital representado por el NFT se transfiere al comprador. La transacción se registra en la blockchain y puede ser verificada por cualquiera.

Es importante notar que el proceso de crear un NFT puede ser complejo, y hay varios factores a considerar como el costo de emitir el NFT, las tarifas de gas asociadas con el uso de la blockchain, y las implicaciones legales de vender activos digitales. Por lo tanto, se recomienda buscar asesoría profesional antes de crear y vender NFTs.

La popularidad de los NFTs puede fluctuar rápidamente, y puede ser difícil identificar cuáles son los más populares en un momento dado. Sin embargo, algunos NFTs han ganado atención y valor significativos en los últimos meses. Aquí hay algunos ejemplos:

1. CryptoPunks: CryptoPunks son una colección de 10,000 personajes únicos de 8 bits, cada uno con sus propias características y rasgos distintos. Fueron uno de los primeros proyectos NFT en Ethereum y se han vuelto muy buscados. En marzo de 2021, un solo CryptoPunk se vendió por un récord de 69 millones de dólares.

2. Bored Ape Yacht Club: Bored Ape Yacht Club (BAYC) es una colección de 10,000 NFTs de simios dibujados a mano. Cada NFT de BAYC da acceso al propietario a una comunidad privada en línea, y el proyecto ha ganado un seguimiento significativo desde su lanzamiento en abril de 2021.

3. Art Blocks: Art Blocks es un proyecto de arte generativo que crea NFTs únicos usando algoritmos. Cada NFT se genera bajo demanda y es único en su tipo. El proyecto ha ganado popularidad por su capacidad para crear piezas de arte altamente intrincadas y visualmente impresionantes.

4. NBA Top Shot: NBA Top Shot es un proyecto NFT que permite a los usuarios coleccionar y comerciar momentos destacados digitales de baloncesto. Cada momento destacado está representado por un NFT único, y el proyecto se ha vuelto popular entre los fanáticos del baloncesto y coleccionistas.

5. Pudgy Penguins: Pudgy Penguins es una colección de 8,888 NFTs de pingüinos dibujados a mano. El proyecto ha ganado popularidad por su estilo artístico lindo y peculiar, y algunos Pudgy Penguins se han vendido por cantidades significativas.

Vale la pena señalar que el mercado de NFTs es altamente volátil, y la popularidad y el valor de los NFTs pueden fluctuar rápidamente. Además, se están creando nuevos proyectos y colecciones de NFTs constantemente, por lo que esta lista puede quedar obsoleta rápidamente.

Invertir en NFTs puede ofrecer varios beneficios potenciales, aunque también conlleva riesgos, y las decisiones de inversión deben tomarse tras una consideración cuidadosa y consulta con asesores profesionales. Aquí algunos beneficios potenciales de invertir en NFTs:

1. Potencial de altos rendimientos: Algunos NFTs se han vendido por millones de dólares, ofreciendo el potencial de altos rendimientos de inversión.

2. Acceso a activos únicos y exclusivos: Los NFTs representan la propiedad de activos digitales únicos y exclusivos que no pueden ser replicados ni duplicados, haciéndolos muy valiosos para coleccionistas y fans.

3. Oportunidades para creadores: Los NFTs pueden proporcionar oportunidades para que artistas, músicos y otros creadores vendan su trabajo directamente a fans y coleccionistas, sin necesidad de intermediarios como galerías o discográficas.

4. Mercado accesible: El mercado de NFTs está accesible para cualquiera con conexión a internet, lo que significa que inversores de todo el mundo pueden participar.

5. Transparencia y autenticidad: Los NFTs se crean usando tecnología blockchain, que provee un registro transparente y seguro de propiedad e historial de transacciones. Esto ayuda a prevenir fraudes y asegura la autenticidad de los activos representados por NFTs.

Es importante notar que invertir en NFTs conlleva riesgos, incluyendo la volatilidad del mercado, falta de regulación, y el potencial de actividades fraudulentas. Además, el valor de los NFTs puede ser altamente especulativo y puede no reflejar el valor subyacente de los activos digitales que representan. Por lo tanto, es esencial realizar una investigación exhaustiva y buscar asesoría profesional antes de invertir en NFTs.

Los NFTs han ganado atención significativa en los últimos meses, pero como cualquier tecnología o oportunidad de inversión nueva, existen posibles riesgos que inversores y coleccionistas deben conocer. Aquí algunos de los riesgos más importantes de los NFTs:

1. Alta volatilidad: El valor de los NFTs puede ser muy volátil y fluctuar rápidamente, lo que dificulta predecir su valor a largo plazo.

2. Falta de regulación: El mercado de NFTs está en gran medida sin regular, lo que significa que los inversores pueden no tener las mismas protecciones y garantías que con inversiones reguladas.

3. Preocupaciones ambientales: El proceso de emitir y comerciar NFTs consume una cantidad significativa de energía, lo que ha generado preocupaciones sobre el impacto ambiental de la tecnología.

4. Falta de valor subyacente: El valor de algunos NFTs puede estar más impulsado por la especulación y el hype que por el valor real de los activos digitales que representan.

5. Falta de liquidez: Los NFTs pueden ser difíciles de vender o intercambiar rápidamente, lo que significa que los inversores podrían tener problemas para convertir sus NFTs en efectivo si necesitan hacerlo pronto.

6. Riesgos legales: Existen riesgos legales potenciales asociados con la creación y venta de NFTs, incluyendo infracción de derechos de autor y disputas de propiedad intelectual.

7. Hype y estafas: El hype alrededor de los NFTs ha atraído la atención de estafadores, que pueden intentar aprovecharse de inversores o coleccionistas inexpertos.

Es esencial realizar una investigación profunda y buscar asesoría profesional antes de invertir en NFTs. Aunque los NFTs pueden ofrecer oportunidades significativas, también conllevan riesgos, y es crucial abordarlos con precaución y comprensión clara de los riesgos potenciales.

Existen varias formas de obtener un NFT, y el proceso puede variar dependiendo del proyecto y plataforma NFT. Aquí algunas formas comunes de obtener un NFT:

1. Compra en un mercado: La forma más común de obtener un NFT es comprarlo en un mercado. Hay varios mercados de NFTs disponibles, como OpenSea, Rarible, y SuperRare, donde puedes explorar y comprar NFTs de diversas colecciones.

2. Participa en una venta o subasta: Algunos NFTs se venden mediante subastas o ventas, donde el postor o comprador más alto puede obtener el NFT. Estos eventos suelen promocionarse en redes sociales o boletines de correo y pueden ser una oportunidad para obtener un NFT raro o muy buscado.

3. Emite tu propio NFT: Si eres artista o creador, puedes emitir tu propio NFT usando una de las muchas plataformas que ofrecen servicios de emisión de NFTs. Estas plataformas generalmente

requieren que subas tu activo digital y luego emiten un nuevo NFT que representa la propiedad de ese activo.

4. Recibe como regalo o recompensa: Los NFTs también pueden ser regalados o entregados como recompensa por participar en una comunidad o proyecto. Por ejemplo, algunos proyectos NFT pueden ofrecer NFTs a usuarios que contribuyan a su desarrollo o participen en sus canales de redes sociales.

Una vez que hayas obtenido un NFT, normalmente recibirás una dirección única de billetera digital que representa la propiedad del NFT en la blockchain. Luego podrás ver y administrar tu colección de NFTs a través de tu billetera digital, que puede ser una billetera de software o hardware que soporte la blockchain específica en la que se emitió el NFT.

Capítulo 7: Avanzando Hacia El Camino al Éxito Financiero

Banca: La Base de la Educación Financiera

La banca es la piedra angular de la gestión financiera, proporcionando servicios esenciales que permiten a individuos y empresas administrar el dinero de manera efectiva. Entender los conceptos básicos de la banca permite a las personas tomar decisiones informadas sobre sus finanzas.

Conceptos Básicos de la Banca

Los bancos actúan como intermediarios financieros que facilitan las transacciones, ofrecen oportunidades de ahorro e inversión, y proporcionan préstamos. Entender cómo funcionan los bancos es clave para tomar decisiones financieras estratégicas.

Aspectos de la Banca

- **Cuentas de Depósito:** Las cuentas de ahorro, cuentas corrientes y certificados de depósito (CDs) ofrecen diferentes niveles de liquidez y tasas de interés.

- **Servicios de Préstamos:** Los bancos proporcionan préstamos, hipotecas y líneas de crédito que ayudan a individuos y empresas a alcanzar sus metas financieras.

- **Seguridad Financiera:** Los bancos protegen los fondos y ofrecen protección contra fraudes, mejorando la estabilidad financiera.

Tipos de Cuentas

- **Cuentas Corrientes:** Diseñadas para transacciones diarias con acceso fácil mediante tarjetas de débito y cheques.

- **Cuentas de Ahorro:** Ofrecen intereses sobre los depósitos, ayudando a las personas a aumentar su patrimonio.

- **Cuentas del Mercado Monetario:** Una combinación entre cuentas de ahorro y cuentas corrientes, con tasas de interés más altas y transacciones limitadas.

- **Certificados de Depósito (CDs):** Depósitos a plazo fijo con tasas de interés más altas, adecuados para ahorros a largo plazo.

Moneda y Sus tipos

La moneda sirve como medio de intercambio, facilitando el comercio y los negocios. Las diversas formas de moneda incluyen:

- **Moneda fiduciaria**: Emitida por los gobiernos y no respaldada por una mercancía física.

- **Moneda digital**: Incluye criptomonedas como Bitcoin y Ethereum, que operan en redes descentralizadas.

- **Cambio de divisas (Forex)**: El mercado global para el comercio de diferentes monedas nacionales.

Bancarrota: Navegando Dificultades Financieras

La bancarrota es un proceso legal diseñado para ayudar a individuos y empresas a manejar deudas abrumadoras. Comprender sus implicaciones es crucial para la recuperación financiera.

Bancarrota Individual

- **Capítulo 7 Bancarrota :** Implica la liquidación de activos para pagar a los acreedores.
- **Capítulo 13 Bancarrota :** Permite a las personas reestructurar la deuda y crear un plan de pago.

Bancarrota empresarial

- **Capítulo 11 Bancarrota:** Permite a las empresas reorganizar sus deudas mientras continúan operando.

- **Capítulo 7 Bancarrota Empresarial:** Resulta en la liquidación de activos para pagar a los acreedores, lo que a menudo conduce al cierre del negocio.

Alivio de Deudas y Gestión de Crédito

- **Consolidación de Deudas:** Combinar múltiples deudas en un solo préstamo con tasas de interés más bajas.
- **Asesoría Crediticia:** Servicios profesionales que ayudan en la elaboración de presupuestos y estrategias de pago.
- **Informe y Reparación de Crédito:** Mantener un buen puntaje crediticio es esencial para las oportunidades financieras. Revisar regularmente los informes de crédito y disputar inexactitudes puede mejorar la situación crediticia.

Seguro: Protegiendo tus Activos y tu Futuro

El seguro proporciona seguridad financiera contra pérdidas inesperadas, asegurando estabilidad a largo plazo.

Tipos de Seguro

- **Seguro de salud:** Cubre gastos médicos, reduciendo los costos de bolsillo.
- **Seguro de automóvil:** Protege contra accidentes y daños relacionados con el vehículo.
- **Seguro de hogar:** Proporciona cobertura para daños a la propiedad y responsabilidad civil.
- **Seguro de vida:** Garantiza protección financiera para los dependientes en caso de fallecimiento del titular de la póliza.

Atención Médica y Beneficios para Veteranos (VA)

La cobertura de atención médica varía según el proveedor, el empleador y los programas de asistencia gubernamental. Los beneficios de Asuntos de Veteranos (VA) ofrecen cobertura especializada para exmilitares, que incluye atención médica, compensación por discapacidad y asistencia educativa.

Préstamos: Acceso a Recursos Financieros

Los préstamos proporcionan los fondos necesarios para gastos importantes, pero deben gestionarse de manera responsable.

Tipos de Préstamos y Sus Usos

- **Préstamos Personales:** Utilizados para diversos gastos, incluyendo consolidación de deudas y gastos de emergencia.
- **Préstamos Hipotecarios:** Permiten la propiedad de vivienda financiando la compra de propiedades.
- **Préstamos Estudiantiles:** Apoyan los estudios, con planes de pago disponibles después de la graduación.
- **Préstamos para Negocios:** Ayudan a emprendedores a iniciar y expandir sus negocios.

Comprendiendo las Tasas de Interés

El interés es el costo de pedir dinero prestado, y sus tasas varían según la solvencia crediticia y el tipo de préstamo. Las tasas fijas permanecen constantes, mientras que las tasas variables fluctúan con las condiciones del mercado.

Inversión: Haciendo Crecer la Riqueza para el Futuro

La inversión es una forma estratégica de acumular riqueza y asegurar la estabilidad financiera.

Tipos de Inversiones

- **Acciones:** Participaciones de una empresa que proporcionan propiedad y posibles dividendos.
- **Bonos:** Valores de deuda emitidos por gobiernos o corporaciones con rendimientos fijos de interés.

- **Bienes raíces:** Inversión en propiedades para ingresos por alquiler o valor de reventa.
- **Fondos mutuos:** Inversiones agrupadas gestionadas por profesionales, que ofrecen carteras diversificadas.

Tendencias de Inversión Emergentes

- **Criptomonedas:** Activos digitales que utilizan la tecnología blockchain para transacciones descentralizadas.
- **Inversiones en Inteligencia Artificial (IA):** Empresas que utilizan tecnología de IA para la innovación y eficiencia.
- **Tokens No Fungibles (NFTs):** Activos digitales que representan artículos únicos como arte, música y coleccionables.
- **Colecciones Positivas:** Inversiones enfocadas en empresas socialmente responsables y prácticas sostenibles.

Conclusión: Toma el control de tu futuro financiero

Comprender los principios financieros empodera a las personas para tomar decisiones informadas y asegurar su futuro. Al dominar los fundamentos bancarios, administrar la deuda de manera responsable, utilizar el seguro para protegerse, aprovechar los préstamos sabiamente y explorar oportunidades de inversión, las personas pueden lograr el éxito financiero a largo plazo.

Avanzando

La educación financiera es un viaje que dura toda la vida. Continúe educándose, busque el consejo de un experto cuando sea necesario y practique hábitos financieros disciplinados. Aproveche los cursos de educación financiera, los recursos en línea y las oportunidades de tutoría para ampliar sus conocimientos. Al aplicar estos principios, puede navegar con confianza por el mundo financiero y lograr una prosperidad duradera.

Sobre el Autor

Dan Kost es un estratega financiero dedicado, educador, empresario y CEO de Dakdan Worldwide, una empresa global de medios que se especializa en consultoría y marketing. Con décadas de experiencia en finanzas, gestión empresarial y desarrollo profesional, ha guiado a innumerables personas para que tomen decisiones financieras informadas que conducen a la prosperidad a largo plazo.

Dan publicó su primer libro en 1982, *The First Book About Credit Repair*, y jugó un papel clave en el desarrollo de la Ley de Servicios de Crédito al Consumidor, que ahora protege a los consumidores a nivel nacional al garantizar sus derechos para salvaguardar y reparar su crédito. También fundó la Asociación Nacional de Consejeros de Crédito, que creció hasta tener 3,500 miembros antes de que él cediera su liderazgo. A lo largo de su carrera, ha trabajado en múltiples sectores, incluyendo bancarrota, seguros, valores, consultoría financiera, finanzas corporativas, bienes raíces y desarrollo empresarial, lo que le proporciona una perspectiva integral sobre la educación financiera y el empoderamiento económico.

Como fundador y CEO de Dakdan Worldwide, Dan ha sido fundamental para ayudar a empresas e individuos a alcanzar el éxito mediante el marketing estratégico, la planificación financiera y soluciones empresariales innovadoras. Bajo su liderazgo, Dakdan Worldwide ha ampliado su alcance, asistiendo a clientes de diversas industrias con estrategias de crecimiento, branding y gestión financiera. Su amplia experiencia en operaciones comerciales globales le brinda una visión única sobre tendencias financieras, dinámicas de mercado y estrategias económicas que benefician tanto a empresas como a personas.

Más allá de sus logros profesionales, Dan está profundamente comprometido con la educación y el empoderamiento en alfabetización financiera. Ha desarrollado programas de educación financiera, impartido talleres y mentorado a personas que buscan mejorar su bienestar financiero. Su misión más reciente es desarrollar *Money Smarts*, un juego interactivo diseñado para enseñar alfabetización financiera guiando a los jugadores a lo largo de toda su trayectoria financiera. Reconociendo la necesidad de educación digital en el mundo actual, busca crear una experiencia atractiva y educativa que ayude a niños y jóvenes adultos a construir hábitos financieros sólidos desde el momento en que establecen una relación bancaria.

En el libro *Money Smarts*, Dan combina su experiencia y conocimientos del mundo real para ofrecer una guía completa sobre alfabetización financiera, gestión del dinero y desarrollo profesional. A través de su trabajo, continúa inspirando y educando a los lectores, ayudándolos a navegar con confianza y claridad las complejidades de las finanzas.

Indice:

www.ingramcontent.com/pod-product-compliance
Lightning Source LLC
LaVergne TN
LVHW010101170826
845678LV00012B/2208

* 9 7 8 0 9 1 6 5 3 9 0 9 2 *